運動管理

Russell Hoye、Aaron Smith、Hans Westerbeek
Bob Stewart、Matthew Nicholson 著

李勝雄　總審訂

黃任閔、張家銘、徐欽賢、鄭桂玫、林東興、楊子孟　合譯

五南圖書出版公司 印行

Sport Management: Principles and Applications
Hoye
ISBN: 978-0-7506-6676-3 (0-7506-6676-5)
Copyright ©2006 by Elsevier.   All rights reserved.

Authorized translation from English language edition published by the Proprietor.
ISBN: 978-981-272-102-0 (981-272-102-9)
Copyright © 2008 by Elsevier (Singapore) Pte Ltd.   All rights reserved.

Elsevier (Singapore) Pte Ltd.
3 Killiney Road
#08-01 Winsland Hose I
Singapore 239519
Tel: (65) 6349-0200
Fax: (65) 6733-1817

First Published 2008
2008 年初版

序 言

本書乃集合五位一起在大學教授運動管理課程超過 55 年的作者合力完成。我們為何想寫這本書，乃源於缺乏一本能夠指定給我們學生，並提供管理理論與運動企業資訊兩者平衡的運動管理教科書。本書並不是要取代管理理論的教科書或是忽略很多探討國際間運動企業本質的書籍。相反地，我們的目的是提供一本包含充分概念細節並能讓學生抓住管理本質的教科書，同時強調運動脈絡下的獨特管理觀點。

本書提供一個在社區、州／省、全國以及國際中運作的運動組織管理原則以及實務應用的完整介紹。本書主要是為就讀運動管理課程的大一與大二生，以及想要研究運動商業面向的學生而撰寫的。本書尤其適合研讀運動管理的商業類課程學生，以及修讀對人類運動或是體育課程以探索運動管理原則概念的學生。

本書分成三部分，第一部分提供一個對運動發展、運動與運動管理特點、運動企業目前變革的趨勢以及州政府、非營利及職業運動所扮演角色的簡要分析。第二部分包含核心的管理原則及其在運動上的應用，強調在相較於其他企業時，運動是如何管理的特點。這個部分包括檢視策略性管理、組織結構、人力資源管理、領導、組織文化、管轄及績效管理等章節。第三部分包含單一章節，其著眼於國際間的運動管理以及運動企業的管理者未來面臨的挑戰。

為了協助演講者以及教學者，所有的章節都包含了一套目標、一篇核心原則的摘要、一套複習問題、延伸閱讀的建議以及探討進一步資訊的相關網頁。此外，第二章到第十一章中，每一章包含了三個實際的案例，用以說明社區、州／省、全國以及國際運動層級中有關的概念以及認可的實務。總共有全球三十個案例用以說明管理運動組織的特殊本質。

我們要感謝 Elsevier Butterworth-Heinemann 的編輯 Sally North 對本書的

支持，以及 Fran Ford 對本書出版過程上的指點。我們也要感謝直接或是間接協助研發本書所呈現的教材之同事與學生。最後，我們也對提供支持與諒解的夥伴以及給予我們時間完成這本書的家人表達感謝之意。

Russell Hoye

Aaron Smith

Hans Westerbeek

Bob Stewart

Matthew Nicholson

目 錄

個 案 目 錄

第一部分
運動管理的環境

第一章
運動管理

本章概要

- 概要
- 何謂運動管理？
- 運動的特色
- 運動管理的環境
- 運動的三部門
- 運動管理的不同之處

- 總結
- 複習題
- 進階讀物
- 相關網站

🏀 概要

　　本章回顧運動如何發展成為主要的經濟與社會活動，以及運動管理這門學問的重要性，同時也討論運動的獨特性、運動的產生及消費影響所帶來的改變。本章呈現一套模式包括：公共、非營利和專業的運動三個領域，以及運動組織管理脈絡下幾個重要部分的簡短描述。本章乃是本書其餘章節的簡介，強調每個主題的重要性。

　　閱讀完本章之讀者應該能夠：

> 🏐 描述運動的特質；
>
> 🏐 了解運動組織的運作環境；

> ⚙ 描述運動產業的三個領域；
> ⚙ 闡述運動管理與其他管理研究領域之不同處。

🏀 何謂運動管理？

在這地球上從事運動相關工作的有數百萬人，參與運動或觀賞運動也占了世界人口的大多數，且在上流階層，運動也由過去業餘愛好變為一項重要的產業。運動的發展及職業化改變了各階層運動活動及運動組織的消費、製作及管理。

21 世紀初的運動管理組織包含了應用現代商業、政府及非營利組織的管理技巧及策略。運動管理人參與策略計畫、管理大量的人力資源、處理價值數十億的媒體轉播合約、處理優秀運動員的福利（這些運動員所賺的錢是普通人平均薪資的 100 倍），同時與國際性的運動組織、國家級的運動組織、政府部門、傳媒公司、贊助者及社區團體合作。

因此，運動管理的學生必須要建立對運動的特質及相關產業的了解，同樣重要的包括運動組織運作的環境，運動組織在公立非營利及職業級的運作型態。接下來的部分將探討上述提及的各點及運動組織管理的特色。

🏀 運動的特色

Stewart 和 Smith（1999）提出了十項運動的特質來幫助我們了解為何運動組織的管理需要運用特別的管理技巧。其中一項特質是觀眾會對球隊、比賽或運動球員發展出超乎理性的熱情。運動在比賽結果、成功及慶祝成就上有其象徵意義，而這並不會發生在經濟或社會活動上。運動管理人必須學習如何運用這種衝動與熱情去吸引觀眾對球賽購票的意願、加入俱樂部、花時間使志工讓機構運作，或是購買運動產品。同時也要學習如何將清楚的商業邏輯與管理技巧，應用在維護運動傳統及觀眾對於運動的懷舊消費習慣上。

運動組織在評量成效方面與其他商業有顯著的不同，私人或上市公司的

目的在於增加營收及提升股東或老闆的財富。但在運動方面，如比賽轉播權、提供保管賭金、會員服務或社區服務的義務都比營利優先。運動管理人須對多元組織結果知曉外，也必須同時對財務管理者負責。

均衡競爭也是運動組織之間的一項特質。這些運動組織必須要能在場上競爭，但場下仍須互相合作以確保聯盟長期的效能。在大部分的商業環境中主要的目標是確保擁有最大的市場，擊退其他的競爭對手及壟斷。但在運動中，球隊或比賽隊伍需要競爭者才能繼續生存下去。所以各隊必須互相配合與合作去分享利潤及有才能的運動員，同時調整各隊之間比賽結果的不確定性，如此一來才能維持觀眾（球迷）的興趣。在某方面，這種行為可被解釋為反競爭。

當運動產品以比賽或競爭的形式表達時是反覆不定的，當大部分的比賽結果是不確定時，某隊可能主導比賽，如此一來便會減低比賽的吸引力。對觀看比賽的觀眾可能認為比賽的水準品質降低，尤其是所支持的隊伍是輸的一方時，因此相對於其他的消費產品這種反覆不定的特性，使運動比賽很難達到一種水準以上的保證。

運動同時也享有高度的產品或品牌忠誠度，因為球迷們不太可能因為不好的比賽結果或裁判標準而改變對某項運動的喜好。日常生活用品的消費者擁有非常大的選擇性，而且常會因為價格或品質而改變選購的品牌，但是運動比賽卻很難被替換，這項優點同時也是缺點。由於對某項運動傳統及習慣的熟悉度，其他項運動很難從別的地方去吸引新的支持者。

運動也引發人的特殊行為，例如仿效運動英雄人物主角，穿最喜愛運動員的制服或購買由知名運動員代言的產品。運動管理人或相關產業也可以利用對運動員技術、能力、生活型態的認同去影響或改變其支持者的購買決定。

運動迷同時也展現了高度的樂觀主義。某些時候，儘管他們支持的隊伍一直輸掉比賽，但運動迷仍持續支持他們，堅持只要再過幾週或幾場比賽，就有得到最後勝利的運氣；這也可以證明運動球隊的老闆或經理不定期招募明星教練或球員，以換取運動場上的成功。

Stewart 和 Smith（1999）指出運動組織通常不願採用新科技，除非此科

技與運動科學有關，而且確實能夠增進場上的表現。因此，運動組織被視為是保守的，和其他組織相較之下它是更被傳統所規範的。

　　運動的最後一項特質是有限的效益。在其他的產業，若為了因應某項產品的需求，可以增加產量；但是運動卻受限於季節長短或預計的比賽場數。這限制了比賽售票與其他相關的營利收入，運動經理人必須了解這項產業的本質、產品和服務的需求度，並適時地提供產品及服務。

運動管理的環境

　　全球化已成為推動運動發展與消費的主力。世界經濟的整合，加速製造者及消費者間的溝通速度和變化；而運動是這趨勢的受益者之一。頂尖運動競賽如奧林匹克運動會、世界盃橄欖球、板球、足球、英國超級足球聯盟、美國國家職籃（NBA）及網球和高爾夫球的大滿貫錦標賽的消費者，享受了空前的新聞報導。而除了實際觀看現場比賽之外，球迷也能透過付費電視盒或有線電視觀看這些比賽，或在收音機和網路上收聽比賽，或在報章雜誌閱讀有關比賽、球員或球隊的分析報導；也可在手機上得到分數進展及評論，再加上使用網路信箱，透過線上訂閱以報名一些活動或得到一些資訊。全球的運動市場已相當頻繁；而欲尋找並刻劃出一個適當場所的運動管理人就必須了解他們所要操作的全球環境為何。因此，本書的主題之一就是全球化對體育活動的生產、消費及管理的影響。

　　大部分的政府將體育視為國家主義、經濟或社會發展的一種工具；因此，政府會把體育視為他們的工作範圍並制定政策與立法來支持、控制或規定體育組織的活動。大部分的政府會支持、訓練參加國家或國際級比賽菁英訓練機構，包括提供資金給國家級的體育活動組織、支持體育組織、邀請主辦活動和協辦營造運動場，經由這些支持性的行動，政府能招募大量的參與者，進而提供對社區各層面的服務，或加強宣導對酗酒、用藥、賭博、公眾健康的法令和訊息；政府也立法規範程序以管理體育組織的活動，如產業關係、反歧視、徵稅和合作管理等。本書的另一章節即在討論政府機構對於體育活動的產生、消費及管理的影響。

　　在過去的 30 年間，體育組織的管理經歷了非常急速的職業化，全球運動產業的擴張及體育活動的商業化，加上組織中志工角色被給薪者取代，愈來愈多人加入運動管理的領域，或加入比賽，如此都已促使體育組織和經理人更職業化，我們可從以下幾點看出這個改變：愈來愈多的大學提供運動管理課程，並同時要求學生兼備商業及特定的產業知識，並擁有成功的運動管理經驗。各項與運動管理有關的專業科目及學術組織的增加，導致運動管理人的職業生涯也更多樣化，他們將會與會計師、律師、稅務專家、政策顧問、專案管理人員、建築師、市場調查員、媒體從業人員接觸，更別提與運動經紀人、運動科學家、教練、行政人員及志工的接觸也是必要的。接下來的章節將會強調運動管理人在學術訓練及職業生涯中如何持續提升專業。

　　本書的最後主題將討論科技的發展對運動管理所產生的改變，最常被提及的就是電訊通訊技術的改變，但是更多的科技改變及發展是無庸置疑的，例如提升成績表現的藥物、資訊科技、訓練，以及提升成績的技巧、比賽場地與設備。這些改變都將促使運動管理人發展策略，使上述所提及的科技能有市場價值及幫助運動組織併入各項科技以達到運動組織的目標。運動管理人不但要了解科技發展的潛力，也要了解對未來運作可能產生的影響。本書的最後章節，將進一步討論「運動夢想國」的概念，此概念將運動視為全球化、政府策略與科技的發展結果。

🏀 運動的三部門

　　為了讓運動管理相關的眾多組織更有意義，以及這些組織如何形成夥伴關係、如何影響彼此的運作與處理業務，因此，將運動劃分為三個不同的部門來看是很有用的。第一個部門是州部門或公共部門，這個部門包括了國家、州（或省）、區域與地方政府，而發展運動策略的專門政府機構則提供專款給其他部門，並且執行專門的任務，如頂尖運動員的培訓或藥物管理。

　　第二個部門是非營利或志願部門，它是以社區為單位的社團所組成，管理提供比賽與參加機會、規定與處理比賽規程以及籌辦主要錦標賽的社團與國際運動組織。第三個部門是職業級或商業化的運動組織，包括了各職業聯

盟及所屬團隊與運動用品或器材製造、傳媒公司、主要運動場管理者與運動管理人等的聯盟組織。

　　這三個部門無法獨立運作，而且在很多情況下是相互重疊的。舉例來說，政府部門提供專款給非營利機構發展體育及培養優秀的選手，而非營利機構則提供各式各樣的運動機會給一般的社區大眾，同時也培養運動員、教練、裁判及管理者以持續支持及參與各項體育活動。再者，政府部門也參與了商業性的體育活動。支持建立職業級比賽所使用的各項運動場地，並且支持運動組織從事商業性活動，非營利部門藉由為聯盟打球來支持職業性運動，同時也培養教練、裁判及管理者來促成優良的比賽。

　　事實上，某些運動聯盟中會有小部分的隊伍是屬於非營利組織性質，縱使他們必須維持整支球隊成員的生活，相對地，他們也能從觀眾與電視轉播中獲利，圖 1-1 說明了這三個部門之間的互動關係。

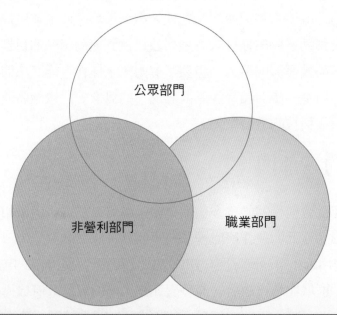

公眾部門

非營利部門

職業部門

圖 1.1　運動三區塊的模式

🏀 運動管理的不同之處

運動管理人雖然利用與其他（如：醫院、政府機關、銀行、礦產業、汽車製造業或社會福利機構等）的管理組織相似的各項管理技巧與理論；然而，運動組織管理方面在管理策略、組織結構、人力資源管理、領導、組織文化、效能管理在運動也有其特殊之處。

管理策略

管理策略包括了分析組織在整個環境的定位、方向，以及目標的決定、適當策略的選擇及找出不同於其他組織的特殊資產。任何運動組織的成功與否主要取決於決策的選擇。非營利的運動組織比較慢能接受策略管理的觀念，因為運動場上表現及技巧的不穩定性，將主導同時也分散運動管理人在辦公室會議室中的決定。在一個自由競爭市場上，運動管理人應該要主動了解有意義的市場分析，建立明確的方向及刻劃出適合的策略，以與當時的機會配合，如此才能掌控個人的未來。因此，了解管理策略原則及將這些法則應用在各種特定的環境，都是一個未來的運動管理人該具備的要件。

組織結構

一個組織的結構是非常重要的，因為它界定了成員以及志工在工作任務、決策過程、合作需求、責任程度以及回報機制上與其他人之間的契合。尋找運動組織的正確結構包含了培養創新與創造力時，對於正式化程序需求的平衡，以及在沒有過度影響成員工作動機與態度的情形下，確保對於員工及志工活動的合宜控制。在運動錯綜複雜世界裡，當試著精簡管理層級時，內部不同團體與外部關係利害人之間的明確溝通是管理組織結構上很重要的一部分。運動企業內成員與志工相關獨特性的混合增加了很多運動組織在管理上的複雜性。

人力資源管理

在主流的商業或是運動管理領域裡，人力資源管理主要在於確保有效以及滿意的人力。然而，一些運動組織的規模以及管理運動企業中志工與員工間的混合，使得人力資源管理成了運動管理者中一項複雜的議題。成功的運動聯盟、俱樂部、協會、零售商以及場館都須仰賴良好的人力資源，場上與場下也是一樣。人力資源管理不能從其他重要的管理工具中分離出來，例如策略規劃或是管理組織文化與結構，同時人力資源管理也是運動管理領域學生必須了解以成為有效能的實務者的一個重要因素。

領導

領導運動組織的管理者必須能去影響其他人以追隨他們的願景、賦權給予個人，使其感覺為一共同目標工作的團體一分子，同時能熟練地和其他運動組織的領導者共事以形成結盟、處理衝突或是協調共同發展計畫。運動企業的成功在於其組織能夠有效地與其他組織共同運作一個職業聯盟、一同治理運動體系、協調政府機構、國內外運動組織及與其他團體共同努力以辦理更大的運動賽事等。運動管理學生欲走向領導角色的話，則必須了解領導技能可以以什麼方式來發展，及其原則如何應用。

組織文化

組織文化包含了組織內個人與團體所持有的假定、規範和價值，這些會影響工作場合的活動和目標，以及以不同方式影響員工的工作表現。組織文化和組織績效、卓越、員工承諾、合作、效率、工作表現以及決策有關。然而，組織文化如何定義、診斷以及變革在商業與學術界引起很多討論。由於運動發展的優良傳統，運動組織的管理者，尤其那些職業運動球隊和傳統運動的管理者，必須體認到組織文化的力量是績效的約束以及趨力。了解如何去認定、描述、分析以及影響一個運動組織的文化，是運動管理人教育中很重要的一個元素。

治理

　　組織治理包括組織內決策力量的運作以及提供讓組織元素可以被控制及指引的系統。治理是管理運動組織的一項重要元素，其中很多是由選出的志工團體控制著，其處理政策議題並且給予組織績效強化上的引導，而不是侷限於日復一日的操作性管理決策。合宜的治理系統協助確保選定的決策者以及員工傳送對組織以及成員有益的成果，同時達成這些成果的方法能有效地被監控。如同很多運動管理人在一個必須和管理層級報告的環境中工作，對他們而言，了解良好治理原則以及如何應用在運動組織中是很重要的。

績效管理

　　運動組織在過去 30 年來，已經經歷了成為更專業化結果與管理的發展。運動組織運用商業原理去行銷他們的產品、規劃他們的運作、管理他們的人力資源及其他組織活動。運動組織的獨特性及任務和目的的變動性，已導致評估運動組織績效的不同標準。運動管理的學生必須了解組織績效如何被概念化、分析和呈現的方式，以及這些原則能如何被應用到運動企業上。

總結

　　運動具備很多獨特性：

- ⑪　人們發展非理性熱情；
- ⑪　在評估績效表現上的差異性；
- ⑪　運動組織間相互依賴本質的一種關係；
- ⑪　反競爭行為；
- ⑪　運動產品（一場比賽或是競賽）的品質各異；
- ⑪　它享有高品質的產品以及品牌忠誠度；
- ⑪　它產生了替代性的認同感；
- ⑪　運動迷展現高度的樂觀；
- ⑪　運動組織相對地較不願意運用新科技；

⑪ 運動常有限量供應。

　　幾個環境因素影響了運動組織運作的方式，亦即全球化、政府政策、專業化以及科技發展。

　　運動產業可以被定義成包含三個獨特卻也相互牽聯的產業：州或是公共部門、非營利或是志願服務部門以及職業或商業部門。這些部門並不會獨立運作，而且常有一系列的合作計畫、資金分配、合資企業及其他商業活動的關係。

　　經營策略、組織結構、人力資源管理、領導、組織文化、治理以及績效管理的某些方面在運動組織管理上是獨特的。本書其餘部分將探討運動企業的三個部門並更仔細檢視每一個部門的核心管理議題。

複習題

1. 定義運動管理。

2. 運動的獨特特色是什麼？

3. 描述影響運動組織的主要環境因素。

4. 公共運動組織部門與非營利運動組織部門之間可能發展出什麼樣的關係？

5. 公共運動組織部門與職業運動組織部門之間可能發展出什麼樣的關係？

6. 職業運動組織部門與非營利運動組織部門之間可能發展出什麼樣的關係？

7. 說明管理一個運動組織與一間商業製造公司的主要差異。

8. 說明為何運動企業需要具第三項運動管理資格的專家管理者。

9. 分辨來自公共、非營利和職業運動部門的一個組織。比較本章所提到的環境因素能如何影響他們運作。

10. 藉由比較職業運動聯盟和社區運動比賽的運作，討論本章所提及的運動獨特特色是否可以應用在所有運動中。

進 階 讀 物

Beech, J. & Chadwick, S. (2004). *The Business of Sport Management*. London: Pearson Education.

Masteralexis, L. P., Barr, C. A. & Hums, M. A. (1998). *Principles and Practice of Sport Management*. Maryland: Aspen.

Parkhouse, B. L. (2001). *The management of sport*: *Its foundation and application*. 3rd ed. NY: McGraw-Hill.

Parks, J. B. & Quarterman, J. (2003). *Contemporary sport management*, 2nd ed. Champaign, IL: Human Kinetics.

Shilbury, D. & Deane, J. (2001). *Sport management in Australia: An organizational overview*, 2nd ed. Melbourne: Strategic sport management.

Slack, T. (1997). *Understanding Sport Organizations: The Application of Organization Theory*. Champaign, IL: Human Kinetics.

Smith, A. & Stewart, B. (1999). *Sports Management: A Guide to Professional Practice. Sydney*: Allen and Unwin.

Trenberth, L. & Collins, C. (eds) (1999). *Sport Business Management in New Zealand*. Palmerston North, N. Z.: Dunmore.

Westerbeek, H. & Smith, A. (2003). *Sport Business in the Global Marketplace*. London: Palgrave MacMillan.

相 關 網 站

若需更詳細有關運動管理的資訊，可參考下列網站：

- European Association for Sport Management at
  http://www.easm.org
- North American Society for Sport Management at
  Http://www.nassm.com
- Sport Management Association of Australia and New Zealand at
  http://www.griffith.edu.au/school/gbs/tlhs/smaanz/home.html

第二章
政府在運動發展的角色

本 章 概 要

- 概要
- 政府的定義
- 政府和社會
- 國家涉入的理由
- 管理和控制
- 政府涉入的範圍和形式

- 總結
- 複習題
- 進階讀物
- 相關網站

 ## 概要

　　本章節詳述政府影響運動制度的發展和實施的不同方式，特別著重為何政府應該要影響運動公共建設的建造、運作及可能採取的介入措施。清楚區別所謂的「介入」是協助和促進運動，還是控制和管理運動二者間的差異。國家提倡運動參與度以及培養頂尖運動員二者也會有明確的分野，本章節的事件和案例可用來闡述有關支持政府介入運動，以及從介入而得到的結果兩者的概念和理論。

　　讀者看完這章節應該會知道：

　　　　解釋政府的角色和目的；

⊗ 解釋如何以及為何政府介入國家的經濟、社會和文化遠景；

⊗ 了解能夠採取的介入方式；

⊗ 列出政府可影響運動發展的結構和實務之不同方式；

⊗ 分辨社會主義、改革主義及新自由主義與保守意識型態之差異，以及他們如何影響政府去協助與規範運動的方式；

⊗ 解釋上述之意識型態如何形塑運動的價值、結構與運作。

🏀 政府的定義

政府所指的是管理和支配社會的組織，在提供人民運動經驗上一直扮演重要的角色。古代奧運和其他運動慶典是由不同城市舉辦和規劃，這形成古希臘和中古世紀的歐洲君主，舉辦一系列的比武大會或格鬥比賽來磨練戰士晉級的技巧（Mechikoff & Estes, 1993）。當世界變得更工業化和現代化，政府擴充了運動活動的規定。以美國為例，許多政府在學校和大學投入資金，建立運動設施，範圍包括建立修剪整齊的運動場、小型室內比賽場地到大型可容納 10,000 到 50,000 人的體育館。

現今，政府透過機構提供一系列複雜的運動設備和服務。全世界很多運動場能先透過政府財務上的資助，後來持續由獨立營運者運作和管制，這些運動場（館）受政府立法和政策的影響（John & Sheard, 1997）。在大多數的西方國家，中央政府資助頂尖運動員的訓練中心和持續性的運作。結果數以千計的教練、運動科學家和運動設施管理者都是由政府核發薪資。

🏀 政府和社會

首先，政府只是組成社會的其中一分子。在某些社會，政府也許占主導性的角色，但在其他社會裡，其角色也許是更加小心謹慎和壓抑的。一種容易理解政府與社會關係的方法，就是去區分三個獨立、但彼此相關的「社會秩序」（Ibsen & Jorgnsen, 2002）。第一個社會秩序是政府和其所轄管的機關

（State and its apparatus）。政府的角色是藉著建立官僚體系，來增強一系列規則和法令來支配社會中的成員。政府也透過徵稅的權力來組織資源，建立經濟和文化基礎建設，使商業和藝術繁榮。第二個社會秩序是市場（the market），其重視商業活動。這是私人部門的發源，主要被市場擴張和利益的需求驅使。第三個社會秩序是內部社會，是由非正式的複雜網絡組成、主要位於家庭的非市場關係、鄰近地區和當地社區。內部社會是最明顯、自然且非結構性的網絡，具有小型社會的動力和友誼團體的特徵。

　　三個社會秩序的互動創造四個不同的部門和組織形式。分別是非營利公共部門，他們由政府驅使；以利潤為基礎的商業部門是由市場驅使；非正式部門由公民社會驅使；最後是志願部門，被所有三種社會秩序的面向驅使。在政府之間的社會組織、市場和公民社會如圖 2.1 所示。

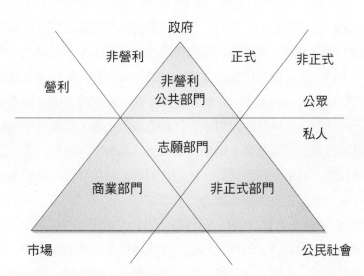

資料來源：Ibsen and Jorgensen (2002)

圖 2.1　社會的部門模型

　　運動可以符合這四部門，首先，運動經驗立基於傳統和價值觀；其次，每個部門能擁有資源的規模。譬如澳洲運動傳統上發生在志願和非正式部門，但是近幾年來商業部門有與日邊增的影響。政府和公共部門以更好且直接的

涉入，導致運動資源的重要分配進入這些社會範圍。

　　上述的模式提供有益於討論政府在運動中扮演的角色，其指出雖然政府也許在一種政治環境下對運動的組織和實施上有極大的影響，但在其他情況下只發揮極微小的影響。模式也建議即使政府在運動發展中有正面影響，也許會繁榮一個或一個以上的部門，這端看運動在每個社會部門中有多高的價值。模式也指出沒有單一或最好的方式來組織它的運動體系和實務，全仰賴哪個部門看起來有最適合的運動設備和活動提供者，以及欲達到何種運動成果。舉例來說，政府也許是頂尖運動員的訓練設施中最有效率的提供者，但志願部門也許可提供社區活動及全民體育活動（DaCosta & Miragaya, 2002）。

個案 2.1　政府在成立菁英運動訓練機構所扮演的角色

　　過去二十多年來世界急遽的改變，龐大嚴密的共產世界隨著蘇聯的瓦解而分裂，美國確定掌握全球經濟與文化的權力，解除許多貿易障礙後，國際貿易隨之擴張。這是伴隨電信工業的革新、手機與網路服務的普及而達成；簡而言之，世界變得全球化。全球化不但在主要資源和製造工業上造成巨大影響，如原油、鐵礦、煤、汽車、電子、電信以及製藥的供應，也影響無形工業，如國際金融、觀光業、藝術、運動。事實上，運動是全球化的力量中如何創造國際市場、品牌行銷全球的例子，顧客習慣在地區及國際之間轉換。結果，當大型國際賽事，如奧林匹克運動會和世界盃足球賽舉行時，感染全球運動界，地方性的聯盟和競賽也跟著繁榮興盛。

　　運動的全球化也創造一個超越競賽的國際環境，數百個國家在此追求他們國家運動排名的榮耀（Miller, et al., 2001）。實際上只有少數國家的成果引人注目，其中大多數的國家用充足的經費或足夠的力量來分配運動發展的重要資源。過去三十年間的國際運動競賽，許多國家決定投入在頂尖運動上，因為這方法能夠有效率的獲得國際認同及尊敬。蘇聯（USSR）和 GDR 在 1970 到 1980 年代間，動員國家組織成立一個成功的運動工廠（sport factory）體系，定期培養一批在運動活動中的世界冠軍。他們和其他共產國家，如古巴的成功證明國家管理奧運發展產生優良的菁英運動員，他們憑著積極態度但不願與商業和自願部門合作。1970 和 1980 年代早期德國人口不到兩千萬，但他們的世界運動社群（community）在奧林匹克運動會得到的獎牌令人驚訝。1976 年的蒙特婁（Montreal）運動會從三面獎牌提升到九面，

比蘇聯和美國成績更佳。事實上他們有超過 40 面的金牌，超越美國的 34 面。儘管日後確定有很多重要項目的獎牌，是靠著藥物的幫助才獲得，但 GDR 提供發展各種運動的天才運動員一個非常有效率的體系。

再者，近代的中國同為共產國家，動員國家組織來達到國際體壇傑出的名次。1949 年中華人民共和國成立，運動在塑造中國社會上扮演很重要的角色。運動不但使人民身心健康，也證明共產主義優於西方資本主義。中國共產主義的重要特徵之一就是官僚制度的結構，伴隨著來自中央人民代表大會的權力與資金，透過嚴密的政治行政體系管控城市和省分。運動在這個模式中是狹隘的，且在中國運動發展體系裡，在很多方面上運動是被中國體育部（Chinese Sport Ministry）中央計畫、管理的。儘管經歷 1980 年代鄧小平時期的經濟改革，政府仍然控制大多數的體育方案，雖然現在市議會和省議會已經更有權力。這種中央集權的體育發展體系讓中國評估年幼的天才運動選手，提供他們特殊訓練和教導。中國體育當局在設立體育目標上也很有效率且已經具有相當競爭性的優勢，例如，桌球、體操、跳水和女子舉重，同時分配資源以確保在國際比賽上能順利成功。中國在 2004 年雅典奧運獲得 32 面金牌、17 銀和 14 銅（僅次於美國），證明其菁英體育系統的效能。

所以政府要提供什麼支援給體育發展系統，使國際體育競賽獲得這麼大的優勢？最主要的優點就是中央計畫和協調體系超越了自願部門的委託關係（透過不同程度的政府支援），目標為年輕有潛力的運動選手，提供他們高度結構性的暢通管道進入菁英競賽。儘管這方法被批評為「機械化」且失去運動樂趣，但這是很有效率的，因為它不會在沒有潛力的運動員上浪費資源。國家控制運動發展體系也使運動選手全職參加基礎的訓練及比賽，磨練技巧、增進表現。相反地，自願區域系統基於經常誇大「業餘」的概念，意味著不允許運動員從國際上的成就獲得物質上的報酬，但又期望他們從運動以外的職業謀生。這是 1970 到 1980 年代很多非共產國家運動員明顯的缺失。

許多西方國家模仿這種中央高度理性的運動發展模式，通常會使運動發展模式改成為商業和自願部門。法國在 1975 年訂定體育法令（Sport Charter）為較早適應共產模式的國家，其包含政府援助菁英訓練機構的對策、運動設施的建設以及業餘運動員的資金補助。這是在 1979 年成立國家體育發展基金（National Sport Development Fund）之後，增加業餘運動員的資金補助。基金的本金當 1985 年運動彩券成立後大量增加。加拿大遵循類似的模式在 1970 年中期開始補助國家運動團體，以致

於他們可以提升國際運動比賽的程度。1979 年體育援助計畫（Athletic Assistance Program）提出運動員（名義上是業餘的）若在國際體育競賽中表現優良可獲得相當大的報酬。1980 到 1990 年代，不同國家如澳洲、巴西、日本採取共產主義式的體育發展模式，成立訓練機構、菁英教練計畫、運動科學支援體系以及普遍增加對菁英運動員的資金援助（Henry & Uchium, 2001），從很多面而言，持續改進國際運動水準。再者，英國近年來成立菁英運動員的訓練機構，其模仿澳洲，放棄過時的業餘、志願、俱樂部為主的運動發展模式，取而代之的是在各項運動項目採用體育學術、栽培天賦運動員的模式，包含傳統的划船、板球。

🏀 國家涉入的理由

　　一直以來，國家涉入社會事務是基於此重要理由：使其建立國家經濟及政治的目標。確切地說，國家相信透過不同的涉入可以增進社會的福祉。例如，建設鐵路和道路公共設施可以促進交通系統，而且增加整體工業和商業的效率。同樣地成立學校、大學和醫院，長期來說不但可提升公民的教育，也能增加使工作更有生產力的技能，更能積極參與國家的文化和商業事務。再者，透過菁英運動員的成功，政府擁有合適且健康的人民，使其在戰爭時能防禦國家的主權，同時產生國家的榮譽感和威望。

　　同時國家也許希望經由制定法律更加直接控制人民的行為，禁止諸如違反競爭性的商業行為，和個人不同形式的歧視及反社會行為。在此背景下，國家規範運動的歷史來確保參與者的安全。其中一個最佳的範例就是拳擊，它是個受傷風險極高的運動，因此規則十分重要，這能使受重傷及長期腦傷的機會降低。

　　因為運動可能實現社會的重要利益，因此國家有相當多理由來投資。然而政府資源和納稅人的資金總是不夠，運動只是許多需要政府資金的機構之一，因此，運動總是不能保證可以獲得協助，它必須和國防、健康、治安、社會福利和教育競爭資源。至少在資本主義經濟中，基於商業的立論，過去認為運動和政府的責任較遠，和自願、業餘的領域比較接近。然而不難發現

政府參與運動的例子可支持這觀點的案例。比如，更多的運動設施及服務不僅會讓社會變得更好，同時沒有國家的支持，投注在運動的資源會是一個很差的選擇。

市場失靈和運動服務的提供

在資本主義國家，如澳洲、英國、紐西蘭和美國，資源在市場裡主要透過需求、供給、價格來分配，但是市場經常無法在社群或國家裡發揮最佳的影響，這就是著名的「市場失靈」。市場失靈可能發生在沒有完全得知所有市場的利潤下，導致供應不足，或相對地，不需要的產品卻供過於求。除了個人利益外，當有重要的外部或社會利益會促進市場失靈和供給不足的情況。個人利益是消費者直接從購買產品或服務獲得的價值，且藉由出價者準備付出多少以獲得該經驗來衡量。在運動領域裡，個人利益從很多活動和實務中得到，包括參加主要體育競賽、在健身房鍛鍊身體、玩板球或花時間在滑雪的渡假勝地。社會利益從另一方面來說，包含社群從產品或服務的生產獲得的額外價值。這些社會利益超過個人利益。在那些例子裡，社會利益可以被認可，社會會藉由分配額外的資源以提供那些活動更好的服務。然而，私人投資者通常不會這麼做，因為缺乏報酬誘因。結果則是政府補足這個缺口，用納稅人的錢投資額外的運動公共建設和服務。

也就是說，因為運動提供重要的社會利益，值得讓政府支持去保障整個社群的最大福祉。根據運動資助擁護者的立場，社會利益可從運動的參與和觀賞運動比賽而來。主動參與者的利益包括可降低犯罪率、灌輸紀律與品格、透過運動英雄的競爭發展道德標準、公民參與度提高、社會資本的建立。建立社會資本的研究指出，運動不僅擴充社會網絡，且產生更安全的鄰居、穩固的社群（Productivity Commission, 2003）。而且當運動團體和社團拓展而容納更多來自社會各個角落的人時，社會利益擴張到與社會資本連結。這種聯繫或涵蓋的社會資本可以和特殊的社會資本相對比，這些特殊運動團體或社團是由少數的種族、社會或是職業為基礎而組成的（Putnam, 2000, p.22）。運動也就是一種強大的社會資本營造者。

表 2.1　運動發展的社會利益	
從主動參與而來	**從頂尖運動的成功而來**
提升社區健康和生產力	種族身分和歸屬感
醫療花費的下降	社會凝聚力
未成年犯罪率的下降	公民和國家自尊
品格和公平競爭觀念的培養	國家認同和優勢
社會資本的建立、社會凝聚和公民參與	經濟發展和觀光業

Adapted from Stewart et al. (2004.)

　　在菁英和專業運動員的例子中，社會利益包括對一支隊伍或一個團體的種族認同、社會凝聚力、公民意識和國家自尊、國家認同和優越感、經濟發展、吸引觀光客和旅遊收益（Gratton & Taylor, 1991）。當這些社會利益聚集起來的效果是相當驚人的，可見表 2.1。同時，它們常是難以量化的。

運動作為一種公共財

　　這個例子也可以在國家參與運動發現，其立足點在於運動經常是公眾或是共同的財產（Sandy et al., 2004）。公共財是指個人損耗的財物不會妨礙到他人相同的財物。舉例來說，去海灘的決定、認同一個贏得比賽的隊伍或運動員，不會妨礙做相同事情的其他人。的確這經驗也許也包括身邊的人，這是非競爭特徵的財物。在單純的形式中，公共財也是產品的一種，沒有人可以妨礙其他人去得到這產品。再者，去海灘和認同贏得比賽的隊伍同樣符合這個標準。這是包含在財物的特徵裡。公共財可透過整個社會提供持續的利益，通常價格不高。但對私人投資者沒有吸引力，因為不保證所有的使用者都會付錢。當一些稱為「搭便車」的免費使用者增加，其抑制私人經營者進入公共財的市場。在這個例子中，國家應該用更多的經費提供這些更高的需求，以保障適合的公共建設和服務水準。

運動的公平性和範圍

最後有人主張政府應該在公平基礎上投資運動。例如也許有人主張全社會的利益是健康，因此沒有人因為收入低或缺乏設備而應該被排除在外。在這些例子，如果每人接觸合適運動和娛樂服務可幫助他們去促進健康，強化他們的自我形象和建立社群的社會資本，則理想的社群利益就能被理解。為了提供參與且確保機會的均等，政府可建立屬於政府的廉價運動設施、補助現在的運動活動供應者，設計針對弱勢團體的計畫。

🏀 管理和控制

有很多情況政府也許希望管理和控制運動活動規定、限制一些活動的資源（Baldwin & Cave, 1999）。舉例來說，當一大群觀眾正在觀賞或參加比賽時，有必要制定安全的法律與規則，以維護社會秩序。大部分的國家清楚規範運動構成的基本因素，這些規範涵蓋了設計的具體說明、座位的規範、幾處入口和出口地點、消防設備（Frosdick & Walley, 1997）。也會有管理觀眾行為的規則，最普遍的規定與酒精、暴動、暴力行為有關。

規則和條例也管理體育活動運作的細節。如上所述，其中一項管理最嚴密的運動是拳擊，許多國家的政府管理機構已經有效的立法，包括發行贊助者和參與者的證照，監控運動的運作。事實上在挪威，職業拳擊是被禁止的，挪威的拳擊選手想要進入職業排名就得到其他國家，其他嚴格管理的活動是賽馬，不僅保護動物以人性的態度對待，同時比賽和下注是受到嚴格監督的。

個案 2.2 政府對運動的援助：澳洲經驗

澳洲一直是一個熱愛運動的國家，而且利用運動當作是產生國民自尊、國家身分和國家認同的一種方式。1945 年第二次世界大戰到 1972 年間（勞工改革政府 23 年來第一次大選）。澳洲在國際體壇上有相當成功的成績，如迅速產生游泳、網球、板球、橄欖球和自行車的世界冠軍（Cashman, 1995）。然而政府的補助是相當少的。當各地政府提供許多球場和室內運動設施，國家政府卻沒提供給大多數由國家

運動管理的體系，也沒有投入資金在許多運動的建設上。只有在贊助奧運和每兩年的全民運動會，提供小額資金去幫助海灘巡邏的救生員團體，以及提供財務支援給州政府來運作體適能機構。簡單的說，運動是自行運作的。

然而為了回應兩股重要的力量，1970 年代就全然改觀。首先工黨的改革者勝選，因此改變澳洲的社會情況。其取代了穩定但保守的 Menzies 政府，該政府促進了國家繁榮，但在運動上毫無建樹。Whitlam 政府首先做的事之一是成立運動部門（Ministry of Sport），且開始成立一個計畫，即在澳洲附近增加社區休閒中心，幫助運動體系去改善他們的運作。其次，1976 年蒙特婁奧運隊伍奪金的失敗，讓國家受到打擊，衍生國家決定直接介入運動發展過程。雖然 Fraser 自由黨（1975 年被 Whitlam 政府取代）大部分方面傾向高度保守，但其決定為有天賦的年輕運動員成立訓練學校來回應社區與澳洲不再是世界體育領導者的不安。澳洲運動機構（Australian Institute Of Sport）在 1981 年成立，迅速成為國際知名的頂尖運動員訓練中心（Bloomfield, 2003）。1984 年澳洲運動委員會（Australian Sports Commission）成立是為了更好地去管理國家政府運動資金的提議，而慢慢地以系統化和制度化的方式實施政府運動政策。如同他們所言，既往不咎，這 25 年來，國家政府年度運動預算從澳幣五百萬提升到超過一億五千萬元（Stewart et al., 2004）。這些資金用在澳洲的運動基礎設施上，擴大國家管理運動體系的運作。同時，澳洲對運動的價值觀和文化也產生變化，變得更商業化以呼應市場部門的成長。當國家持續對運動的補助，整個運動體系變得更專業化，且為運動員創造更多工作機會，如行政人員和教練。

現在政府對運動是多方面的支持，但基本上政府想在頂尖運動發展和社區運動參與之間釐清（Stewart et al., 2004）。傳統上可分成四種策略，但是結果是彼此相關。首先，增加政府運動體系的管理能力來發展有效的政府運動公共建設體系。計畫直接提升教練的水準、官員的管理技巧、政府運動體系的日常運作、加強輸出澳洲運動專業技術的能力。其次，針對提升體育活動的參與以鼓勵更多人透過小型的運動活動來參加業餘運動俱樂部，協助那些在除了運動俱樂部和協會之外的邊緣團體。這些團體包括原住民、身心障礙人士、女性、兒童及老人。第三，著重提供持續的改善澳洲在國際體壇的表現。計畫中指出支援國家運動體系，培養有天賦的運動員，包括澳洲運動機構的獎學金計畫，提供運動科學支援、協助運動員安排他們未來的生涯。最後，則將目標放在提供一個能公平競賽的環境和文化。其聚焦於藥物管制、消弭歧視和騷擾、幫助原住民社區、排除身心障礙運動員的參與障礙。表

2.2 為近年來澳洲政府幫助運動發展的範圍：

表 2.2　澳洲國家政府在運動上的支援

支援的重心	事例
高水準的表現	澳洲運動學會（AIS）、運動員獎學金／補助金、菁英教練的教育。
改善管理	澳洲運動委員會（ASC）訓練計畫、增進管理與人員訓練的補助。
經濟資助	政府部門確保重要的體育慶典和冠軍賽的舉行。協助大型比賽的可行性。
藥物教育與實施	澳洲運動藥物部門（ASDA）、藥物教育計畫、檢驗與制裁。
社區參與	運用計畫和資金鼓勵更多由下而上的參與。由國家運動體系舉辦合宜的比賽，實施基層發展計畫。
社會資本	志工訓練計畫，獎助各地的運動體系去改善運動設施。
多元化與公平性	女性運動計畫、反騷擾與反歧視計畫，包含會員保護計畫的設計（MPP）、撥款援助原住民和身心障礙運動。

Adapted from Stewart et al. (2004).

　　這些所有的計畫引發出幾個問題：澳洲運動體系是否依賴政府而改善，或者是澳洲運動發展，應該放手給商業或自願部門。若將奧運和全民運動會獎牌數目當成指標，那麼政府的介入則為澳洲運動史上最好的事情。相反地，澳洲運動員在 1980 年的莫斯科奧運只拿到 9 面獎牌，1988 年漢城奧運增加至 14 面，1992 年巴塞隆納 27 面，1996 年亞特蘭大有 41 面。2000 年雪梨奧運達到 58 面的成果是相當吸引人的，2004 雅典奧運時，澳洲（人口只有兩千萬）拿到 49 面獎牌，獎牌的排名居於第四。然而運動發展不只是在國際上得獎而已，國家也有責任去提供社群得到比賽經驗，且確保居處不利的團體有一個開放且容易親近運動設施的機會（Houlihan, 1997）。過去 10 年來澳洲政府在廣泛的參與上獲得一些好的進展，但是此時已經停滯不前。目前澳洲是世界上僅次於美國體重過重的國家。這是澳洲政府這幾年面臨的另一種挑戰。如果有更多州政府在運動參與上投入資金去解決這個嚴重的公眾健康問題的話，這將是一項有趣的議題。

政府涉入的範圍和形式

　　根據前文所提，政府會在很多方面涉入運動。涉入的範圍及其所採取的形式深受意識型態、價值和國家普遍的哲學觀、以及管理制度的影響。

　　第一個意識型態就是保守主義。保守的意識型態重視傳統、以固定模式行事。保守的政府傾向規範人民的社會生活，因此會審查政府認為不合宜的藝術和文學作品。他們也想控制合法藥物的分配（如：酒精），同時用行動去保護人民。另一方面他們相信商業應該獨立運作以確保大眾利益，因為商業包含個人的私利、追求利潤的動機和市場力量。然而因保守政府相信穩固的私人部門是進步的不二法門，因此當需求增加時會開始支持和保護企業。當一方面他們認為運動是一種整合大多數人的社會生活時，他們不想支持或保護它，因為運動不是世界的商業活動之一。的確，對於許多保守主義者而言，運動簡直是另一個世界，應該和商業保持一段距離。運動世界立基於下列這些實現其最佳功能的信念：即當它是由自身完成，以業餘方式進行，由志工來管理以及自由運作。

　　第二個意識型態是改良主義，或稱作社會福利中央集權或社會民主主義。改良主義主要是考量社會正義和公平。當改良主義者認為有一個強而有力的私人部門的需求時，他們相信這個私人部門在傳遞公平和公正的結果上不能被信任。它需要被嚴格地去管理。這可能採取額外政府擁有的企業方式，或嚴格規範商業行為。改良主義者也有保守主義的觀點，其也許為了公眾利益，協助和保護是必要的。但不像保守主義，改良主義者相信在主要的社會發展中，不只意味著為社會自由，也要為社會正義立法。重新分配收入給弱勢團體是重要的，因此個人和公司被課以最重的稅。政府的開支也是改良主義的重點，因為當需求和開支低時，可刺激經濟。改良主義政府更傾向中央集權，其重視使用中央的權力去策劃正向的社會結果。改良主義一直將運動視為社會發展的工具，使之更接近整個社群。以這些例子來說，計畫是用來顧及少數團體的需求，如身心障礙、說不同語言的移民及女性。簡單地說，改良主義政府政策關心社群，較少關心頂尖運動的發展。

　　第三個意識型態是新自由主義。新自由主義相信當人民可以掌控自身的日常生活，而不被政府長期涉入時，社會是最健康的。這個準則很重要，但除此之外，人民應該有自由去選擇如何組織他們的社會生活，而企業可自由地組織他們認為合宜的商業活動。新自由主義不看重國營企業，並認為私人提供的服務和商品比政府更有效率、品質更佳，而且解除對企業的管制比嚴密控管更好。簡而言之，新自由主義相信政府不應該在大部分的經濟活動上直接干涉，只要提供基礎的公共建設、為促進私人商業繁榮來立法。運動被視為重要的社會機構，但不應該嚴格管理。然而，新自由主義也相信運動是促進國家建設和經濟發展的機制，並應該基於這些理由支持運動。這造成運動政策傾向社區運動的開銷上，聚焦在頂尖運動員上。

　　最後一個意識型態是社會主義。社會主義相信私人擁有和紊亂市場的結合，會造成服務水準的不公及孤立。因此生產的資本模式和分配需要以一個有權力的政府代替，由中央控制資源分配。和新自由主義類似的是，社會主義同意運動是一個重要的社會機構，但和新自由主義不同的是，運動應由中央管理以保障業餘社團和設施的廣泛公平性。為了這些目的，運動發展的社會系統將由中央當局主導來設立運動的議程。政府也提供大部分的資金和資源來發展運動，兼顧社群和菁英運動。

表 2.3　政治意識型態和運動發展二者間的連結

意識型態	特點	對運動發展的含意
保守主義	私營企業 社會實踐的規範	對運動敬而遠之。 運動被視為從社群中成長，以及由志工部門管理的一種私人活動。
改良主義	混合經濟 社會和經濟事物的規範	直接涉入運動設施建構和社群運動參與。
新自由主義	強調市場 減少對企業的規範	大部分資源皆投入菁英，止於運動發展及它的商業成果。
社會主義	限定市場的範圍 中央規劃 資源的分配由官僚體係控制	直接涉入運動發展的每一個部分。通常是有緊密規範的。社群和菁英運動是充足的。

　　每種意識型態不僅包括政府合宜角色的不同假設，同時也包含運動如何促進社會福祉作法的不同觀點。因此，每個意識型態將產生不同的運動發展成果，意識型態經常凌駕於利益團體，如運動科學家、教練和行政人員的主張。這四種意識型態描述提出了一種簡化的類型學，在實務上，當要形成一個特殊運動議題或問題的立場時，政府經常各擷取每種意識型態。同時大多數國家，將會具有一個或一個以上意識型態的特色。個案 2.3 描述出意識型態的不同，且指出他們如何形塑政府對運動發展的觀點。

　　因此可得知對於政府如何資助、發展、分配運動設施和計畫這一系列大體上的安排。在整個安排的一端是政府將運動發展拋到腦後，因為運動是個人和社群的私人事務，因此最好的方式是由市場和志願部門運作。一直到 1970 年代這種安排是澳洲運動發展的主要特徵，當國家政府決定資助運動設備和計畫開始（Steward et al., 2004）。美國國家政府對運動採取敬而遠之的手段，將資助運動發展丟給市場、學校和大學區（Chalip et al., 1996）。在整個安排的另一端，是政府藉由在全國建造運動設施，以及提供運作的管理資金來設定議程。這方法是在 1970 到 1980 年代間共產國家所採行的例子。在蘇聯和德國，國家運動計畫融入學校課程，體育學校鑑定和培養有天賦的年輕運動員。此外，運動具有強烈的國防和軍事風格也被工廠和工會採用。當國家透過政府當局管理整個包含全民運動參與者和奧運選手的體育經驗，古巴也有類似的發展模式。雖然古巴禁止運動的職業精神，但對國家的運動英雄卻給予相當高額的獎勵，提供他們政府的工作或是提供大學就讀的機會，使他們順利完成學業。在古巴，類似蘇聯、德國型態，運動的成功不單單是運動方面的勝利，也是在心理、愛國和改革上的勝利。

個案 2.3　英國的體育條文

　　2005 年初，英國國會通過用獵犬和馬來獵狐是違法的條文。雖然那時支持這項法令的輿論迅速高漲，但也有強烈的反對來自許多英國居民，因為這會破壞英國的傳統習俗。然而這在英國運動擁護者來說，用法律管制或限制在運動時的行為是很正常的事（Greenfield & Osborn, 2001）。

　　英國是現代運動的誕生地，其發明各式各樣、風靡全球的運動，如拳擊、網球、板球、英式橄欖球和足球。英國的運動變成高度文化是為了解決這 40 年來和足球相關的不少社會問題。首先，問題起源於 1970 到 1980 年代期間的足球流氓，同時，第二個問題是 1985 年 Bradford 市的一場火災，1989 年的 Hillsborough（Sheffield）的災難，當時造成 95 名球迷推擠致死。這些危機對大眾產生巨大的影響力，立法是為了規範球迷的行為和處罰在公眾主導動亂的人，其次是最低限度的保護所有足球場的安全（Greenfield & Osborn, 2001）。

　　Thatcher 政府最先規範的事之一是提出酒精的管制。1985 年的運動事件法案規定，在往返運動賽事的大眾運輸工具上攜帶酒是違法的。沒有特別的許可，販賣酒給球迷也是違法的。即使當時許可酒吧賣酒，但是酒吧不能直接提供看球賽的服務。許多稱為公共秩序的法案出現在 1980 年代，包括 1990 年的足球法案（攻擊）和 1999 年足球法案（攻擊和失序）。根據法案，球迷在運動場向其他球迷丟擲任何物品、用粗野或種族歧視字眼唱和或叫囂、或者在任何時間進入比賽場地內都是違法的事。

　　1987 年消防安全暨運動基本安全法案（Fire Safety and Safety of Sport Grounds）提出基於安全問題的立場，法令規定任何運動的標準是至少五百人需要取得一份當地政府提供的安全證明。地方政府會考量如出入口的地點、安全品質、防火，以保護觀眾及選手的安全。

　　這些規定清楚地想要提供公眾安全的最低標準。但是代價是剝奪個人和商業自由。在英國運動的案例中，適當地改善品質，必須降低不守規則的球迷行為來管理。然而直截了當地說，以管理者的立場，已經阻礙酒商的營利，許多球迷也收斂他們過於激進的行為。

總結

　　首先要提到的是政府只是立基於社會運作基礎下的三種社會秩序或支持之一。其他兩種社會秩序是市場和內部社會。政府有很舉足輕重的能力，透過很多機制來形塑結構和運動的範圍。第一，就是政府可以建設運動設施；其次，政府可以投注資金在運動組織和球會的日常運作；第三，政府可以在

社群直接傳遞運動計畫；第四，政府可建立訓練設施來幫助頂尖運動員持續發展；最後，可藉由制定各種法律、條例和規則來控制運動的運作（Hylton, 2001）。然而基於主導的政治意識型態和社會對運動的整體文化重要性，政府支持的規模及其採用的形式，在各個國家都不同。在一些案例中，政府直接控制和管理運動，而在其他政治的型態中，政府則是從運動系統回復到鼓勵商業和志願部門的參與。

複習題

1. 政府的角色是什麼？

2. 政府如何進行國家對於政治和經濟遠景的塑造？

3. 除了政府之外，還有什麼其他社會力量對國家發展有貢獻？

4. 解釋政府會如何幫助運動發展。

5. 政府可以做哪些行動來增加運動參與度，以及運動俱樂部的會員數？

6. 政府可以做哪些行動來增進頂尖運動員的表現？

7. 為何政府要影響／涉入運動？

8. 運動發展最好遠離志願和商業部門嗎？

9. 有無證據證明頂尖運動員發展的中央集權模式，比市場為基礎的發展模式更有效率？

10. 政府如何著手增加在社區，或又稱為「由下而上」的運動參與度？

進 階 讀 物

透過分析，政府可著手管制國家的經濟、社會和文化事物，可參閱
　　Baldwin 和 Cave（1999）的著作。目前有很多出版品驗證政府影
　　響國家體育發展。

若要知道更多澳洲經驗的細節可以閱讀 Bloomfield（2003）和 Stewart
　　（2004）等人的著作。

英國的經驗可回顧 Houlihan 和 White（2000）及 Hylton（2001）等人
　　的著作。關於一些比較分析政府干涉運動，最清楚的論述是 Chalip
　　（1996）等人的著作。

Houlihan（1997）提供澳洲、加拿大、愛爾蘭和英國傑出的比較研究。

相 關 網 站

- ☯ 其他政府以及澳洲運動，可見澳洲運動委員會（Australian Sports Commission）http://www.ausport.gov.au
- ☯ 更詳細英國經驗，可見運動英國網站（Sport England）http://sportengland.org
- ☯ 紐西蘭的政府支持運動，可見紐西蘭政府運動與娛樂網站 http://www.sparc.org.nz

第三章
非營利運動

本章概要

- 概要
- 前言
- 非營利部門和社會
- 非營利部門和體育
- 運動管理組織
- 運動俱樂部環境
- 行政主管

- 政府的介入
- 非營利運動部門問題
- 主要概念總結
- 複習題
- 進階讀物
- 相關網站

 ## 概要

　　本章節探討非營利組織在運動發展所扮演的角色。檢視為何非營利組織提供大部分的運動參與機會與使用各式各樣的形式介入運動。檢視非營利組織在世界各地介入運動的範圍，特別是強調志工在義務管理、義務行政和義務教練的角色。本章節同時對非營利運動組織和政府之間的關係做總結。

　　在讀完本章節後讀者應該能：

- 描述非營利組織介入運動的範圍；
- 了解政府和非營利運動組織在角色執行上的區別；
- 了解非營利運動組織在世界推展運動發展的方式；

🌀　了解非營利組織在推展運動機會時所面臨的一些挑戰。

🏀 前言

　　前面章節概述政府、市場與民間社團之間的社會組織模式，協助我們了解存在西方經濟體系中大量且多樣的運動組織。本章節著重於非正式和義務模式，換句話說，許多的運動組織亦可歸類為非營利組織。世界上有許多專有名詞用以形容存在於各式產業部門和國家的非營利組織。這些名詞包括義務、非營利、非政府、社區、俱樂部、協會、商業合作社、互助會、民間社團和第三部門（third sector）。就本書的目的而言，我們選擇使用「非營利組織」來描述與政府不同的公共機構，這些機構不將盈餘回饋到股東，採行自我管理方式，義務貢獻是其中一個構成要素之一，同時也是正式的法人組織機構。

　　非營利部門（nonprofit sector）與前面章節中談論的政府組織是截然不同的組織，此外我們將在下個章節中討論營利尋求的組織。非營利部門是由大小、目標和能力不同的非營利性組織所組成，其中包括社區協會、商會、私立學校、慈善信託和基金會、福利救濟代辦處與運動的組織。事實上，非營利組織在健康服務、教育、住房、福利、文化和運動等許多產業中占大部分。

🏀 非營利部門和社會

　　非營利組織存在於社區發展中，契合社區辨識和團體區別的需求，同時是以公共利益運作而非以創造個人財富為目的。非營利組織的發展是在填補政府或市場部門所無法提供的服務，例如福利救濟，且藉由大量志工與領取部分補貼的職員的努力來運作。

　　近期針對加拿大非營利組織的研究強調許多獨特的非營利組織對增進加拿大人生活的貢獻（Statistics Canada, 2004）。首要認同這些組織是公民連結（citizen engagement）的媒介，提供個人貢獻他們的天資、精力與時間從事公

營或私營部門所無法提供的團體活動。非營利組織通常是由志工治理，貢獻其時間和金錢，讓志工提高他們對地方、地域、全國和全球社區的貢獻。

為了解非營利組織的規模，我們來檢視加拿大最近一些統計資料，2003年在加拿大有超過 161,000 個非營利組織，總共提供 20 億小時的服務時數，和接受超過 80 億元的捐贈來傳遞其服務。同時，扣除加拿大非營利組織的 1億 3 千 9 百萬會員，平均每人貢獻 4 小時（Statistics Canada, 2004）。顯而易見地，非營利組織代表著許多國家經濟活動的主要部分，同時在公民參與社會、宗教、慈善、博愛與運動的相關活動中扮演著主要角色。

非營利組織通常著重於對特殊族群或地理區域內的服務傳遞。只有少部分組織是針對成員提供服務，大多數非營利組織是對目標族群提供服務。非營利組織所執行的活動種類包羅萬象，從運動機會的提供到醫療勸募和醫療服務，因此其收入資源、成本結構、有償職員、志工和複雜管理系統亦呈現多樣化。

非營利部門並不是沒有問題。大型組織例如獨立學校、學院和醫院所接受的主要捐助中幾乎有一半來自於政府。特別當他們在為維持福利、住權和慈善部門需求奮鬥之際，這些非營利組織部門的資源仍然不足。由於無法招募到足夠的志工、無法找到適切的人選出任委員會委員和募得足夠捐助等問題，而無法實現其組織目標，顯然這是目前非營利組織所面臨最大的課題。在世界上任何官方政府除了設法將公益服務的責任轉嫁到民營或非營利部門外，同時減少對公益服務費用支出，對非營利組織的經營而言將愈來愈難。

非營利部門和體育

國際非營利組織（The International Classification of Nonprofit Organization, ICNPO）的分類標準中對運動和休閒組織有一分類規範。這分類規範包括三個廣義組別：⑴運動包括業餘運動、訓練、體適能健身和運動設施及運動競技與賽會活動；⑵休閒性與社交性俱樂部（social clubs），例如鄉村俱樂部（country clubs）、遊樂場協會（playground associations）、旅遊俱樂部（touring clubs）和休閒俱樂部（leisure clubs）；⑶服務性俱樂部（services clubs），

例如獅子會（Lions）、扶輪社（Rotary）、同濟會（Kiwanis）和層峰俱樂部（Apex clubs）。特別有趣的是這些組織以非營利準則經營運動事業，包括專業服務組織、產業遊說團、運動賽會組織和運動執行機構。

非營利專業服務組織在經營運動上，以類似像醫療檢定委員會（accrediting medical boards）、律師或會計專業協會的方式經營。這些組織協助設置各自產業的執業標準，為符合資格的成員提供專業檢定證明，且藉由會議、研討會或訓練計畫提供專業發展機會。他們以商業化的方式經營，但其目標是經由改善服務傳遞將營利分給成員而不是為業主創造財富。

在澳洲，澳大利亞健康、體育和休閒協會（Australian Council for Health, Physical Education and Recreation; ACHPER）是代表健康教育、體育、休閒、運動、舞蹈、社區體適能（Community Fitness）或動作科學（Movement Sciences）領域的國家級專業協會。澳大利亞健康、體育和休閒協會（ACHPER）的任務包括運動機會的促進與提供教師專業發展計畫，以及提供想要成為社區體適能指導員的檢定與訓練。類似的組織在加拿大（加拿大健康、體育、休閒和舞蹈協會；Canadian Association for Health, Physical Education, Recreation and Dance）、美國（美國健康、體育、休閒和舞蹈協會；American Alliance for Health, Physical Education, Recreation and Dance）、英國（英國運動管理協會；British Institute of Sports Administration）和紐西蘭（紐西蘭體育協會；Physical Education New Zealand）營運。

同時在世界各地營運的許多產業遊說團，代表對非營利運動組織的關心。一個最主要的的例子是英國的身體休閒中央委員會（Central Council of Physical Recreation; CCPR），代表國家級運動組織。他們是管理英國運動與休閒的獨立傘狀組織，負責提升政府和運動產業組織的興趣。在澳洲是由澳洲運動產業協會（Sport Industry Australia）負責，一個類似的非營利性組織。

在世界上一些大型且具影響力的運動賽會組織是以非營利基礎營運，包括國際奧林匹克委員會（IOC）和大英國協聯邦運動聯會（Commonwealth Games Federation; CGF）。國際奧林匹克委員會是由古伯丁（Pierre de Coubertin）男爵於西元 1894 年所設立，負責奧林匹克龐大運動組織動向的一個獨立

非營利性傘狀組織。國際奧林匹克委員會主要是監督夏季和冬季奧林匹克運動會的組織。

與國際奧林匹克委員會類似，大英國協聯邦運動聯會（Commonwealth Games Federation; CGF）所扮演角色除了推動每四年一次賽會活動外，它還為運動發展在 53 個聯邦國家中提供教育協助。此外聯邦運動協會（Commonwealth Games Associations; CGA）所屬會員國家更多（71 個），因為像英國就分為 7 個聯邦運動分會（蘇格蘭 Scotland、英格蘭 England、北愛爾蘭 Northern Ireland、威爾斯 Wales、曼島 Isle of Man、澤西島 Jersey 和根西島 Guernsey），以不同政治單位體在大英國協聯邦運動會中競爭（www.commonwealthgames.com）。國際奧林匹克委員會和大英國協聯邦運動聯會，除由主辦比賽的國家政府資助營運外，且銷售國際轉播權、公司贊助、門票銷售、授權和商品銷售。

也有許多特殊領域非營利組織著眼於不同社區部分。在這些之中首要的是代表殘障優秀運動選手的國際組織—國際帕拉林匹克委員會（International Paralympic Committee; IPC）。國際帕拉林匹克委員會組織，監督和協調優秀水準的殘障競賽（Paralympic Games）和其他多重傷殘運動競賽（www.paralympic.org）。其他類似的非營利組織包括國際腦性痲痺運動與休閒協會（Cerebral Palsy International Sports and Recreation Association）、國際視障者運動總會（International Blind Sport Federation）都是為殘障運動選手推動相關賽事的非營利組織機構。

本章節後半部將著眼於提供運動競技和賽會參與機會給其成員、其他公眾和運動俱樂部成員的運動執行機構與非營利運動組織。例如澳洲、英國、加拿大、紐西蘭、香港和其他以俱樂部為基礎的運動體系。幾乎所有運動隊伍和競賽都是由非營利運動組織所籌組（Lyons, 2001）。這些組織運用許多形式競賽活動，包括由地方小俱樂部籌組幾個球隊在地方的球場競賽；地方協會協調俱樂部之間的競賽；州或省級組織不僅推動賽會活動，同時要負責教練發展訓練、天份發掘、志工訓練、行銷和贊助。

國家運動組織任務包括管制國內競賽規則、協調州或省隊之間全國冠軍、

優秀運動選手訓練計畫、聘請發展官員舉辦學術會議和承辦其他促進運動參與的任務。最後，國際運動聯盟組織負責全球性運動發展和規則修訂與國際賽會聯絡。

在這些運動組織中其共同的要素是他們都是以非營利性質存在，為各別的運動選手、教練、官員或行政人員、俱樂部、協會或其他運動組織的成員促成運動機會。除此之外還必須相互依賴，彼此依靠找尋天賦球員、提供競賽資訊，為教練、官員和球員發展找尋資源與資助其活動。值得注意的是，這些組織的重心是在志工，在所有非營利運動組織中，志工扮演服務傳遞和決策制定的重要角色。同時，許多大型非營利運動組織為維持行政運作與服務傳遞給其他會員組織和俱樂部，而聘用大批支薪職員。

為凸顯非營利運動部門的標度和範圍，個案 3.1 是加拿大非營利運動部門的說明。

個案 3.1　加拿大非營利運動部門

2003 年，在加拿大有 33,649 個非營利運動和休閒組織，占所有非營利性組織的 20.9%，是這類型組織中的最大部分。在加拿大非營利運動和休閒組織比宗教組織（19%）和社會福利組織（11.8%）更多。多數非營利運動組織在相對地小地區，例如：郊區、鄉鎮或城市傳遞服務。百分之八十六所傳遞的服務是針對其會員而非公眾。換言之，參與非營利運動組織的會員傾向不只支持組織且使用組織提供的服務。另外，多數（79%）的非營利運動組織較喜歡個別會員而不是組織會員，不需訝異，因為他們多數服務在相對地小地區。

在加拿大社會中，多數非營利運動組織擁有超過 30 年的悠久傳統。運動和休閒組織是非營利組織的最大部分（20.9%），然而他們只占所有收益的 5.4%。他們自給自足約收入的 12%，這些收入來自於政府資助、會費與使用者付費來支持組織的運作。

在加拿大運動和休閒組織比其他非營利組織更仰賴志工（全部志工 28%）和志願小時（占全部志願小時 23%）。最值得注意的事實是在 2000 年和 2003 年運動和休閒組織志工較其他類型非營利組織減少。多數運動組織不聘用支薪職員（73.5%），只有 11% 聘用多於 5 位支薪職員。這些支薪職員多數是屬於臨時職位（69%）。

　　就這些統計數據而言，無需訝異運動和休閒組織仍可能抱怨財政困難和適當技巧志工的參與和委員會委員的相關問題。總之，加拿大非營利體育組織，雖是最大的非營利性組織，但仍需面對維持運作的重大問題。

Sources: Statistics Canada, (2004). *Cornerstones of community: Highlights of the national survey of nonprofit and voluntary organization*. Ottawa, Canada.

🏀 運動管理組織

　　通常由地方或州／省的運動組織提供競賽機制讓運動俱樂部比賽。國家級運動組織提供州級球隊比賽機制，國際運動總會則提供國家級比賽聯盟或賽會機制，例如國際足球協會（Fédération Internationale de Football Association; FIFA），或主要競賽組織，例如國際奧林匹克委員會（IOC）和大英國協聯邦運動聯會（Commonwealth Games Federation; CGF）。這些組織即為眾所皆知的執行機構，對全球、全國、州／省或地方級的運動發展與賽會管理負責。

　　國際籃網球聯盟（國際無籃板籃球聯盟；International Netball Federation；IFNA）的組織架構是這些各式各樣的運動執行機構之間關係的有限代表。國際籃網球聯盟的會員國包括五個地區：非洲、亞洲、美洲、歐洲和大洋洲的39 個國家協會。每個地區選擇 2 個會員國指導全世界組織執行的活動，負責對籃網球規則調整、舉辦國際級競賽、提升區域內的組織管理、努力成為奧林匹克比賽項目和增加全球參與度。

　　澳洲籃網球協會（Netball Australia），是國際籃網球聯盟 39 個會員國中的一員，在其國家 8 個州／省級協會中擁有超過 350,000 位登記球員。他們分屬於 541 個支會。每個州／省級協會有一位代表出任國家委員會委員，負責與會員組織溝通國際籃網球聯盟規則修訂的事宜、舉辦國家級的競賽、提升州／省級協會的組織管理、增加全國參與程度和競標主辦世界級賽會。

　　在澳洲籃網球協會中最大會員組織是維多利亞籃網球協會，在州的轄區內分為 21 個地域和 6 個區間，擁有 110,000 名登記的球員在 250 個支會中較

勁競爭。維多利亞籃網球協會與澳洲籃網球協會及國際籃網球聯盟的位階明顯不同，負責教練、裁判和球員的發展、舉辦州級的競賽、提升運動俱樂部的組織管理、為球員提供保險、協助場地設施發展、嘗試增加州內參與程度、競標主辦國家級賽會和組織管理二球隊參加全國競賽。最後，籃網球俱樂部責任是調遣球隊、找尋教練和球員、志工招募與管理、籌款事宜，必要時也要負責場地設施之運作與使用。

但必須切記這些運動組織是以志願為基礎，包括：從俱樂部到國際運動聯盟中擔任非決策者。依照在第十章中所討論的，非營利運動組織不以上下權力階層為組織運作的原動力，俱樂部必須遵守地域方針。這些組織之間可能因為競爭優先權和地方問題而造成在溝通和協議上的困難。合作的精神和交涉在傳統組織階層是需要的，但並不適用於多數非營利運動組織。

🏀 運動俱樂部環境

在加拿大、紐西蘭、澳洲和英國的體育發展中心通常是當地或社區運動俱樂部。運動俱樂部所扮演的角色是值得花些時間了解，在俱樂部環境中志工和職員工作的狀況為何和俱樂部對運動發展貢獻為何。

蘇格蘭體育總會（Sport Scotland）所提供關於蘇格蘭運動俱樂部在 2001 年期初計畫與 2002 年更新簡介報告中（Allison, 2002），最值得注目的是關於地方運動俱樂部的多樣性。運動俱樂部有許多功能、架構、資源、價值、意識型態與他們能為運動愛好者所提供的參與機會跟範圍。多數俱樂部提供單一運動活動，且著眼於運動樂趣，而不是運動比賽的輸贏。在蘇格蘭運動俱樂部有不同大小規模，平均會員人數約 133 名且大部分傾向於迎合青少年和成年人的參加者。通常以極少的職員、結構階層、支出和收入經營，且仰賴少部分支薪或未支薪的個人經營。多數俱樂部的收入來自會員會費，因此傾向於相當地自治經營。在蘇格蘭地方運動俱樂部的管理被視為「是以信任和經驗的基本直覺過程，而非正式合約和規定實行」，根據信任和經驗而不是正式契約和編碼應用（Allison, 2002, p.7）。

在其他國家地方運動俱樂部的屬性大致相同。大多數運動俱樂部幾乎完

全仰賴志工治理、執行和管理其組織與提供教練、裁判和一般訓練協助、比賽當天集會及募款等。

🏀 行政主管

行政主管的執行角色是經由選舉或委員會任命，負責組織全盤領導、指導和監督的責任。根據澳大利亞體育委員會（2000, p.2）對運動俱樂部管理委員會責任的延伸：

- ⑩　規劃俱樂部的未來長期計畫；
- ⑩　發展俱樂部活動方針和程序；
- ⑩　建立與其他運動組織、當地政府或贊助商之外部關係；
- ⑩　以俱樂部的利益為基礎，管理其資金資源和法律問題；
- ⑩　執行由會員所提出的建議；
- ⑩　對於近期問題或發展與會員溝通；
- ⑩　評估官員、雇員（若有）和其他服務提供者的表現；
- ⑩　保留適當且足夠的檔案以便將來移交給新委員會的成員；
- ⑩　作為其他俱樂部會員的榜樣。

在第 10 章會詳細的將管理方式介紹，在此值得注意的是俱樂部是否有有效地執行這些任務的能力，是根據他們的資源、文化和人員素質的參與。地方運動俱樂部的主要行政是主席或總裁、秘書、總務和志工專員。其他委員的責任包括教球、管理、球隊發言人、比賽企劃、募款或行銷。

主席或總裁應該為委員會的操作、俱樂部開發的方向策略、主委會議及與其他委員會成員的協調工作設置待辦日程計畫。俱樂部秘書的責任在於會員、委員會成員和其他組織之間，負責處理書信、紀錄和俱樂部活動資訊的行政串聯。總務的責任在於年度預算、監控開支和收支、對未來財政需要計畫和處理技術問題如零用金、付款與銀行往來。志工專員的職責是管理志工的系統和規程的發展如計畫、聘任、訓練和表揚。

教練

在運動俱樂部體系中教練工作或許是義務性質的,取決於個別運動俱樂部的本質和資源。教練的基本責任是發展傑出運動員的技能和知識,幫助他們學會戰術和享受他們的運動。教練同時扮演球員和運動員的重要榜樣。

在當地、州／省、國家或國際等不同層級的運動組織多數為教練提供整套的訓練和檢定計畫,讓教練發展其技能和經驗。在澳洲,例如 1978 年全國教練委員會建構了三級制的全國教練檢定計畫(National Coaching Accreditation Scheme; NCAS)。教練能參與第一級基礎課程、第二級進階課程和第三級高級課程的教練課程。NCAS 訓練計畫包括三個部分:(1)教練理論,包括教練和運動表現基本原理;(2)運動訓練法,包括特殊運動技能、技術、比賽策略和科學方法;(3)教練實習,實地的參與教練訓練工作與應用訓練理論。

裁判人員

運動裁判人員包括裁判(referees、umpires、judges)、記分員(scorers)、計時員(timekeepers)或負責主持比賽或賽事的相關人員。多數裁判人員是不支薪的,但部分足球規章規定在任何層級的裁判人員是需要支薪,使一些裁判人員可以賺取專職的固定薪資。其他運動如籃網球(netball)、壘球或網球很少支薪給裁判人員,除非是處於州級或國家級冠軍比賽。運動裁判人員在促進人們參與運動是重要的,但卻是在非營利運動體系中最難填補的職位,因為他們經常占用很多時間且地位較低。

多數的當地、州／省、國家或國際等不同層級的運動組織,為裁判人員提供與教練類似的技能和經驗發展整套訓練和檢定計畫。1994 年建構的澳大利亞國家裁判人員檢定計畫(The Australian National Officiating Accreditation Scheme; NOAS),模仿全國教練檢定計畫(NCAS),但因為運動規章中的差異很大以致於無逐步細項規定。澳大利亞國家裁判人員檢定計畫(NOAS)的目標是透過訓練計畫,去開發和實施改進澳洲運動的品質、數量、領導和裁判人員狀況,其中包括三個部分:(1)一般裁判理論和賽事管理;(2)特殊運動技術規則、規則詮釋、報告和特殊角色;(3)裁判實習和裁判理論的應用。

一般志工

運動俱樂部在募款、球隊的管理、賽程的安排協助，如：停車、檢查服務或協助俱樂部銷售，皆須仰賴志工人員的執行。大多數的志願者是俱樂部孩子的父母、其所拓展的家庭或經由朋友與工作同事來參與運動俱樂部。

為了說明人們參與運動部門志工的本質，案例 3.2 中能顯示出在澳大利亞和紐西蘭運動組織志工參與的本質。

個案 3.2　澳大利亞和紐西蘭志工的貢獻

澳洲志工協會 2004 年的出版品，《2004 年特寫：志願報告卡》（*Snapshot 2004: Volunteering Report Card*），提供志願參與活動範圍的詳細概況。報告指出澳大利亞人比往年奉獻更多時間在擔任志工上，結果相反於案例 3.1 所指出加拿大人降低志工參與的趨勢。但是，根據非營利運動組織志工的資料卻是另外的結果。

在 2003 年 4 月至 2004 年 4 月期間，預估在澳洲 15 歲以上約 4 百 30 萬人（占 27%總人口數）參與運動組織和體育活動。這其中 1 百 50 萬人參與非比賽的角色，如教練、裁判人員、行政人員、記分員、醫療支援人員或其他角色，且這些人中約三分之一扮演多過一個非比賽的角色。這些參與非比賽角色的人中只有約 12%是支薪的，意味這 1 百 50 萬人中 88%參與非比賽角色的人是志願者。同時這 1 百 50 萬人的 60%是參與運動活動者。多數參與非比賽角色的人是與青少年運動有相關的。

由於採樣方法與工具的不同造成在資料比較上的困難，在 1993 年和 2004 年之間，資料顯示投入教練的人數保持不變，投入裁判和管理的人數已下降。這些多數是志願者，凸顯出運動體系的潛在危機在於志工的加入情況。

紐西蘭志工的參與概況顯示 1998 年只有少於 20%成人人口參與運動休閒方面志工。這些角色包括 11.1%擔任教練、8.7%擔任裁判和 8.8%擔任行政管理人員，這些人平均每星期貢獻 2.7 小時擔任此義務性工作。這些義務生產力的貢獻估計幾乎是超過 77%等效全時勞工的生產力，且其價值接近一年紐西蘭幣 19 億元。

這清楚地勾勒出志工為了促進人們參與運動而擔任教練、裁判和管理者角色所付出的極大貢獻。不過，這樣的義務參與正在減少，是令人擔心的徵兆，為了維持目前參與運動志工的水準，運動志工的管理需要改善。

Source: Volunteering Australia, (2004). *Snapshot 2004: Volunteering report card*. Mel-

bourne, Volunteering Australia; Australian Bureau of Statistics, (2005). *Involvement in organized sport and physical activity, Australia, Cat. No. 6285.0.* Canberra, Australian Bureau of Statistics; Hillary Commission, (2000). *The growing business of sport and leisure: The impact of the physical leisure industry in New Zealand.* Wellington, New Zealand: Hillary Commission.

🏀 政府的介入

由於政府以充裕資金調撥給非營利運動組織，以支持其大量參與或表現優秀的活動，這也意味政府愈來愈設法影響非營利運動組織經營的方式。這些例子包括澳大利亞體育委員會（The Australian Sports Commission）的志工管理計畫（Volunteer Management Program）和英國體育總會（Sport England）的政策設置全國運動發展組織計畫。以下針對這些問題，簡要地回顧來凸顯出非營利運動的改善，需要增加政府和運動組織的相互依存的本質。

1994 年澳洲體育委員會（ASC）發展志工參與計畫，與澳大利亞社會體育行政委員會（The Australian Society of Sports Administrators）、澳洲運動邦聯（The Confederation of Australia Sport）及各州運動和休閒部門成為合作夥伴關係。計畫目標是藉由提供一系列的運動俱樂部管理出版品，來改進非營利運動俱樂部和協會的經營。在 2000 年，公布志工管理計畫（Volunteer Management Program; VMP）和俱樂部與協會管理計畫（The Club and Association Management Program; CAMP）的資源，且澳洲體育委員會鼓勵所有俱樂部加入俱樂部發展網絡參與策略計畫及其他管理技巧。

其他例子是由英國體育總會（Sport England）政策要求全國運動組織發展整體運動計畫。在 2003 年英國體育總會根據其對英國運動的活躍與成功的貢獻能力，及全國運動組織合作發展與實施的這些計畫，認定 30 項優先發展的運動。計畫設計要點是如何讓運動從基層提升到績優水準且吸引和維持參與者，和增進他們的運動經驗。計畫將根據其清楚地表達推動運動所需資源及構想，由英國體育總會提供資助。計畫同時提供可測量的推動成果與協助

英國體育總會評估持續資助非營利運動組織的好處。

非營利運動部門問題

　　非營利運動部門在世界各地所面對的挑戰。首要是維持運動體系運作對志工的依賴，如教練、行政管理和裁判。依照案例 3.2 中所指出，在運動中志願行政人員與裁判人數比例的減少證據。如果要達到增加參與相互依存的運動組織目標，政府和非營利運動組織需要正視此問題。

　　社會的爭論和相關保險的費用增加是直接地影響參與非營利運動組織成本。在澳洲只有少數保險業者為運動組織提供保險保障，且近年來保險費用亦顯著提高。例如：澳大利亞跳傘聯盟（The Australian Parachute Federation）的公共責任險（The public liability insurance）費用在二年中從 12 萬 7 千元增加到 1 百 10 萬元。公共責任險是攸關運動賽事和計畫的執行，這些費用轉嫁給參與者是沒有額外的好處，同時衍生的問題是人們是否為能在傳統非營利體系參與運動中支付的起。

　　對非營利運動組織而言，進一步的問題是參加傳統運動的背離趨勢，人們藉由俱樂部和協會組織參與更多非正式的運動活動。有些人不願意參與整季定期的運動模式，而改尋求不定期參與運動和身體活動方式，或者經由短期商業提供者或與朋友自發或隨機選擇參與運動（Stewart et al., 2004）。對非營利運動組織而言，在年青人對支配休閒花費愈來愈多的選擇下，如何使自己成為一個具吸引力的選擇成為一大挑戰。

　　如案例 3.1 所凸顯出，非營利性組織，包括非營利運動組織面臨重大容量問題。經常受制於設施或地點大小，也受制於是否可吸引優秀專精的志工來處理與執行組織會務。同時受制於運動的相互依賴本質—需要其他俱樂部、球隊和組織提供競爭—因此他們需要與其他非營利運動組織攜手合作擴展其「產品」。

　　因為橫跨許多地理地區和分散各地且性質不同的關係成員，非營利運動組織需要對頻繁地協商決策過程有所堅持。這些組織根據治理和管理需求所做出時效性決定、反應市場趨勢、創新或尋求重大組織變革的協議，來展現

出自己的整套任務挑戰是額外的複雜。

利昂（Lyons, 2001）同時建議，非營利組織的獨特性是因為他們對於判斷與其相關商業夥伴的表現是有困難，必須向所有關係成員匯報，必須應付在支薪職員和志工之間的緊張和可能的衝突，這些緊張歸因於缺乏清晰支薪職員和志工角色定位，和缺乏明確的工作指標。非營利運動組織特別容易受這些問題所影響，尤其是支薪職員通常位居於資深行政位置。

個案 3.3　在英國運動志工的挑戰

在英國是由政府高層機構負責運動發展，英國體育總會（Sport England），2002年委託的報告（一部分）了解在英國運動產業的志工和志願經理所面對的挑戰（休閒產業研究中心，2003）。運動志工在英國面臨許多與澳洲、紐西蘭和加拿大運動產業相同問題。簡而言之，是否可以找到和留住適當的、熟練的與有動機的志工，來替社區俱樂部提供眾人所希望的運動服務。

報告中認為，運動體系與其志工是隨時受各式各樣的競爭壓力、政府政策變化、技術變化和休閒支出市場競爭所影響。這些核心的運動志工，有工作、有孩子同時參與運動是最受影響的。身為國家政府與運動組織，力圖保障大眾參與者和推動改善優秀表現水準的政策執行，志工在組織規程與體系中被要求處理比以往更多更複雜的事務且要求職業化的水準。政府資助的增加是依運動組織的能力，此能力必須是可測量成果與對其活動的責任。

從運動組織末端使用者技術與後續需求改善到使用最新的技術，都增加了運動志工的需求。以曲棍球（field hockey）轉變成在人工草皮比賽為例。這些表面無庸置疑地改進比賽和觀眾的經驗，同時增加俱樂部志工持續籌款以符合顯著增加的財政負擔要求。

愈來愈競爭的休閒市場意味著俱樂部志工必須設法為其組織提供符合不同「顧客」的需求而非傳統會員。對運動的初學者也許難以區分社區俱樂部提供者與商業設施之間的不同，且期盼志工提供符合其需要的服務，而不需參與俱樂部活動。明顯的例子是父母把非營利運動俱樂部視為一個只需接送小孩的便宜托兒選擇，不需付出任何時間、精神或技巧給俱樂部的經營。

非營利運動組織與其志工的能力需面對這些極大的變化壓力。除部分有設置良好的系統與資源外，其餘則在一次又一次的危機中掙扎。影響最大的是在社區層級

的組織和志工。報告中推薦以廣泛靈活運用和實際解決方式，來協助非營利運動組織應付這些壓力。這包括提供更好的教育訓練資源、簡化政府資助的要求、減少運動組織報告、多與運動組織對談，了解個別志工們的核心價值與承諾，勝過過度複雜企業和管理語言。

Source: Leisure Industries Research Centre, (2003). *Sports volunteering in England 2002: A report for Sport England.* Sheffield, UK.

主要概念總結

非營利組織被定義為政府部門以外的正式組織團體，不將利潤分配予董事，圖自我治理，義務奉獻是其中的一個重大元素。非營利組織存在於開發社區中，符合社區中可識別和離散小團體之需求，以致力於公共利益而不是創造個人財富為目的。多數非營利組織的治理是靠志工努力而非支薪職員。

非營利運動組織包括專業服務組織、產業遊說團、運動賽會組織和運動執行機構。截至目前為止，數量最多的非營利運動組織，是為其成員、其他公眾和與運動俱樂部的會員，提供運動競爭或賽事參與機會的運動執行機構。在這些運動組織中的共同因素是以其非營利為著眼點—他們存在是為其成員，也許是個別的運動選手、教練、裁判人員或行政人員、俱樂部、協會或其他運動組織提供促進運動的機會。他們同時是相互依存的，彼此依靠發覺具天份的球員、了解競爭資訊、為教練、裁判人員和球員提供發展資源和提供資助支持他們的活動。

運動執行機構和俱樂部幾乎完全依靠志工治理、執行與管理其組織，提供教練、裁判與一般相關訓練、競賽活動和募款的援助。由政府調撥大量的資金給非營利運動組織，在大眾參與或表現優秀的領域支持他們的活動，意味政府愈來愈設法影響非營利運動部門的操作方式。最後，對非營利運動部門存在的一大挑戰，包括：仰賴志工維持運動系統、社會辯論的增加、日益增加的保險費用、傳統運動參與背離的趨勢、足夠容量問題及這些組織統治和管理所需之額外複雜度。

複習題

1. 何謂非營利部門？
2. 非營利運動組織的特徵為何？
3. 描述英國大英國協聯邦運動委員會（Commonwealth Games Council）所扮演的角色。
4. 解釋政府和非營利部門對運動發展可能的貢獻。
5. 在運動推廣上志工有何種程度的重要性？
6. 非營利運動俱樂部扮演何重要管理角色？
7. 解釋俱樂部主席的角色。
8. 為何政府試圖干預非營利運動組織的操作？解釋在您自己的國家中，政府介入情況。
9. 非營利運動組織如何降低參加者的成本？
10. 解釋非營利運動組織之間如何相互合作，但在比賽中仍保有競爭關係？

進 階 讀 物

Chalip, L., Johnson, A. & Stachura, L. (Eds.) (1996). *National Sports Policies:An International Handbook.* Westport: Greenwood Press.

Chalip, L. & Thoma, J.E. (1996). *Sport Governance in the Global Community.* Morgantown, WV: Fitness Information Technology.

Lyons, M. (2001). *Third sector: The Contribution of Nonprofit and Cooperative Enterprises in Australia.* Crows Nest, NSW, Australia: Allen & Unwin.

相關網站

若需更詳細有關非營利運動組織的資訊，可參考下列網站：

- Association for Research in Nonprofit Organizations and Voluntary Action at http://www.arnova.org

- Australia and New Zealand Third Sector Research Incorporated at http://www.anztsr.org.au

- Australia Sports Commission at http://www.ausport.gov.au

- Sport and Recreation New Zealand at http://www.sparc.org.nz

- Sport Canada at http://www.pch.gc.ca/progs/sc/index_e.cfm

- Sport England at http://www.sportengland.org

- Sport Scotland at http://www.sportscotland.org.uk

- Volunteering Australia at http://www.volunteeringaustralia.or

第四章

職業運動

本 章 概 要

- ‧概要
- ‧何謂職業運動？
- ‧促銷迴路
- ‧全球化運動巡迴賽事
- ‧媒體
- ‧贊助
- ‧球員管理

- ‧歸屬和結果
- ‧總結
- ‧複習題
- ‧進階讀物
- ‧相關網站

概要

　　本章節探討職業運動組織的主要特徵，並提供職業運動聯盟與俱樂部之獨特特徵實例。本章節並不探究社區、州或國家層級之運動組織，但會對這些組織與職業運動之間的關係，以及職業運動對運動產業的影響加以探討。

　　在讀完本章節後讀者應該要能：

　　🏐　了解職業運動在全球運動產業中所扮演的角色；

　　🏐　了解媒體、贊助者和職業運動組織參與廠商間銷售和販賣其產品及服務的方式；

> 🔅 了解在職業運動中球員、經紀人、贊助者、聯盟、俱樂部和媒體的角色。

🏀 何謂職業運動？

　　職業運動，無論在哪裡比賽，都是最昂貴、最有看頭且吸引最多目光的體育活動。它占據大篇幅的媒體版面，同時可獲得贊助金與廠商支持。在世界許多城市中都有職業運動比賽，從印度加爾各答市（Kolkata; Calcutta）到巴西里約熱內盧（Rio De Janeiro），再到澳洲墨爾本（Melbourne），在非常好的運動場（亞當花園「Eden Gardens」、馬卡納運動場「Maracana Stadium」、墨爾本板球場「Melbourne Cricket Ground」），運動員依據市場的大小，賺取可能上看千、百萬元薪資。社區的業餘運動或許曾經單純扮演娛樂角色，但這種情節現在已是一種遙遠的回憶。

　　職業運動與其相關之產業及全球指標的文化名人扮演主宰世界運動。所在地、地區、州和國家運動組織藉由發掘球員天份或觀眾興趣提供職業運動聯盟其後援。但有些諷刺地，這些組織經常被迫與職業運動競爭媒體版面報導、贊助者和支持（從球迷、政府和社區）。最好的狀況，職業運動是運動產業龍頭以財務資源培育支持那些組織。最壞的狀況，職業運動成為一隻貪婪的商業動物，以貪心的胃口攝取財政—文化和社會資源。

　　職業運動聯盟，如美國的美式足球聯盟（NFL），在其所在的城市內主宰每週媒體與社會關注，球迷被每星期的勝隊與敗隊，受傷、醜聞、解聘、調動和危機事件（財政、人員或組織）的主要與次要劇情所吸引。在 19 世紀末期美國大學美式足球賽扮演一個特別地位，此種大型賽會會吸引美式足球追隨者和媒體的特別關愛。當媒體和球迷開始計畫他們的每週運動產品和消費時，大學美式足球賽才會成為部分的全國焦點。職業運動聯盟的大眾化建立其穩定性與一致性的基礎。在世界上許多的城市中，職業運動聯盟已經隸屬於文化或社會中根深蒂固的一部分。換句話說，對許多球迷而言，職業運

動聯盟與其俱樂部已經成為一個了解和定義他們是誰的基本方式。

　　職業運動賽會，例如 15 人制橄欖球聯賽（Rugby Union）或世界盃板球賽（Cricket world cup）成為大英國協國家文化和商業消費中的一部分。這些賽會每四年舉辦一次，因為他們不是年度性運動賽會且有民族主義的刺激易獲得觀眾注意。在另一層級，我們闡述年度性運動賽會，如世界冠軍賽（world championship）；與巡迴性賽會，如在日本、塞浦路斯和紐西蘭等國家舉辦的世界拉力賽車錦標賽（world rally championship）。相關的賽事報導經由電視、收音機、雜誌、報紙與網際網路圍繞著我們每天的生活，使這些相關的職業賽事無所遁形。

　　職業運動目前是筆大生意。它不再單純如同過去般，在 1970 年代運動商業化前期，只是某運動項目所發生的事情；在 21 世紀初過度商業化的運動時期，它同時是攸關於在會議室與證券交易所裡所發生的事情。表 4.1 列出《富比士雜誌》評估 2005 年世界最有價值的足球隊伍。此資料顯示出這些隊伍都是大型企業體，且年收入超出美金 2 億 5 千萬。

表 4.1	2005 年最有價值的足球隊	
隊伍	所屬國家	價值(美金)
曼徹斯特聯隊（Manchester United）	英國	1,251,000,000
皇家馬德里（Real Madrid）	西班牙	920,000,000
AC 米蘭（AC Milan）	義大利	893,000,000
祖雲達斯 (Juventus）	義大利	837,000,000
拜仁慕尼黑（Bayern Munich）	德國	627,000,000
兵工廠（Arsenal）	英國	613,000,000
國際米蘭（Internazionale Milan）	義大利	608,000,000
車路士（Chelsea）	英國	449,000,000
利物浦（Liverpool）	英國	441,000,000
紐卡素（Newcastle United）	英國	391,000,000

資料來源：www.forbes.com

🏀 促銷迴路

為了描述和解釋在職業運動、媒體、廣告商和生意之間的關係，懷生（Whitson, 1998）使用促銷迴路的概念解釋。

促銷迴路概念的關鍵前提是，在於運動提倡和利用運動賽會與運動員來促銷產品，早先是分開的，現在是糾結在一起。它變得愈來愈難看出何處是運動組織的末端與何處是贊助商或媒體或廣告商的起始端。它們成為職業運動機器的一部分，用於促進其他商品和所有其他構成部分。

耐吉和前芝加哥公牛隊和華盛頓巫術師隊球員邁可‧喬登之間的關係是促銷迴路的絕佳例子。耐吉的廣告活動就是以喬登為號召來建構公司和運動員的形象，當喬登成功為公牛隊贏得六次NBA冠軍，不只增加耐吉的投資報酬，且提高了二個品牌知名度。此外，耐吉所發展的全球性廣告活動與喬登的成功，增強了美國職業籃球（NBA）的文化、社會化和商業化。反過來，不論有沒有以喬登為號召，NBA在全球性推展與廣告，喬登代表是聯盟中最有看頭的和最可識別的球員，且耐吉是籃球鞋與運動服裝的主要代表，有直接或間接相關幫助推展。最後，任何其他贊助商以喬登所製作的廣告去推銷喬登時，譬如開特力（Gatorade），也推銷了美國職業籃球聯盟（NBA）與耐吉。在最佳情況下，運動促銷迴路對於運動選手和組織的參與，是在一連串的商業利益和無止盡的機會中的一個方式。

個案 4.1　全國職業改裝跑車協會（NASCAR）促銷迴路

全國職業改裝跑車協會（NASCAR）在美國已經是超過50年的熱門運動之一。目前在福斯（FOX）、極速（SPEED）、國家廣播公司（NBC）和透納廣播電視網（TNT）轉播。如其他職業運動，美國冰上曲棍球聯盟（National Hockey League; NHL）、德國足球甲組聯賽（德甲；Bundesliga）、和澳洲國家橄欖球聯盟（National Rugby League; NRL），全國職業改裝跑車協會（NASCAR）的經營是以賽季方式進行，從2月到11月每星期在美國不同城市的賽道上競速賽車，譬如鳳凰城國際賽道（Phoenix International Raceway）、黛通納國際賽道（Daytona International Speed-

way）和塔拉迪加高速賽道（Talladega Superspeedway）。賽車賽事安排在不同的地
點除可確保有好的出席觀眾數，同時給予 NASCAR 和競爭車隊與賽車手足夠的贊
助機會。黛通納 500（Daytona 500）是有別於其他賽車賽事，許多賽車賽事有冠名
權贊助商，譬如賽百味新鮮 500 大賽（Subway Fresh 500）、可口可樂 600 大賽
（Coca-Cola 600）或切克汽車零件 500 大賽（Checker Auto Parts 500）。

　　那思多電信公司（Nextel），是 2004 全國職業改裝跑車協會（NASCAR）賽季
的冠名權贊助商，取代長期贊助商雲斯頓（Winston）。根據估計全國職業改裝跑車
協會（NASCAR）的主要汽車贊助商價值約美金 1～2 千萬，次要汽車贊助商價值
取決於車隊和賽車手，約美金 50 萬至 1 百萬。這不是僅關於支付美金 1 千萬元將商
標置於汽車的引擎蓋上，羅斯車隊（Roush Racing）總裁傑菲・史密斯指出，「你
必須意識到除汽車之外——它包括制服、運輸工具和為公司營銷目的而運用賽車手
的權利。」由歷史角度看當前的贊助商合約，回到 1960 年代初期，北卡羅來納州・
費耶特維爾（Fayetteville, N.C.）福特車商贊助的弗雷德・洛倫岑（Fred. Lorenzen）
賽車手整賽季美金 6,000 元，到 1980 年代末期，估計整賽季要損益兩平約需要美金
3 百萬的贊助費。在西元 2000 年 UPS 宣布成為羅伯・亞特斯車隊（Robert Yates）
88 號賽車，賽車手戴爾・賈勒特（Dale Jarrett）的主要贊助商。估計此贊助是價值
每年約美金 1 千 5 百萬元。

　　2005 全國職業改裝跑車協會（NASCAR）賽季包括由以下公司贊助的競爭車隊
：麥當勞（McDonald's）、米勒淡啤酒（Miller Lite）、家樂氏（Kellogg's）、百威
啤酒（Budweiser）、華孚蘭機油（Valvoline）、杜瓦特電動工具（DeWalt Power To-
ols）、杜邦（DuPont）、紅靶超商（Target）、M&Ms 巧克力（M&Ms）、柯達
（Kodak）、優比速（UPS）、美國線上（America Online）和美國陸軍（United Sta-
tes Army）。全國職業改裝跑車協會（NASCAR）聲稱它在美國有 7 千 5 百萬車迷，
且由贊助情況顯示，美國企業不僅願意與全國職業改裝跑車協會（NASCAR）聯繫
在一起，同時相信這是一項健全的投資策略。

資料來源：NASCAR 網頁 http://www.nascar.com

🏀 全球化運動巡迴賽事

　　全球化運動巡迴賽事包括聯盟或架構的競爭。歐洲足球聯賽冠軍盃（The European Champions' League）是全球性運動巡迴系列模式的例子，球隊在不同城市較勁決定誰有決賽資格，直到優勝者勝出。男子和女子網球巡迴賽也是以全球性運動巡迴為基調所建構賽事的例子。選手排名經由每個賽事或巡迴賽的競爭（部分經由衛星賽）來獲取獎金與點數，以確定世界最佳球員之排名次序。以上兩個例子，雖然在網球例子中，管理和執行各自賽事是由主辦單位各自負責，基本上巡迴賽事是統籌由單一執行機構處理或監督。例如，澳洲公開賽（The Australian Open），由澳洲網協所管理和執行。

　　部分全球性運動巡迴賽事的舉辦地點或比賽方式是可變通的，可以由城市或國家投標出價爭取舉辦比賽。在歐洲足球聯賽冠軍盃（The European Champions' League）的例子中，球隊需贏得比賽才有資格舉辦其主場球賽（賽制安排有其靈活性），相較於網球四大公開賽事：澳洲公開賽（Australian Open）、美國公開賽（US Open)、法國公開賽（French Open）與溫布敦公開賽（Wimbledon）只是單一盛會（沒有靈活性）。然而，在一級方程式賽車，城市可投標爭取分站主辦權利。基本上一級方程式賽車賽是以歐洲為主，不過分站賽也已在亞洲與北美洲和南美洲舉行。因為賽車賽事轉播已超過 160 個國家和城市的誘因，代表簽下舉辦賽事的合約有如承諾可能的經濟利益，如此通常有助於鼓勵投標爭取主辦賽事。例如，中國成為 2004 年所新增的巡迴賽事，此賽事舉辦的目的即是建構上海成為國際巡迴賽車賽事基地。

　　最大的全球性運動巡迴賽事是奧林匹克運動會和足球世界盃。兩大賽會是每四年舉行一次，且經由複雜程序安排讓城市投標爭取主辦賽事。就一個城市要爭取主辦夏季或冬季奧林匹克運動會的權利而言，它必須通過兩階段嚴密審查的程序。在第一階段，「候選資格採納程序」—國家奧林匹克委員會提名一個城市，由國際奧林匹克委員會（IOC）行政委員會作為期十個月的評估，審查評估是依據各城市的環境包括場館品質、城市一般基礎建設、公共交通工具、安全和政府支持度為標準。2012 年夏季奧林匹克運動會被接

受的申請城市的包括：哈瓦那（古巴）、伊斯坦堡（土耳其）、萊比錫（德國）、倫敦（英國）、馬德里（西班牙）、莫斯科（俄國）、紐約（美國）、巴黎（法國）與里約熱內盧（巴西）。被選定「資格候選城市」則進入第二階段和最後的「候選階段」。倫敦、巴黎、紐約、莫斯科和馬德里被選擇了作為 2012 年夏季奧林匹克運動會候選城市。在此階段城市必須遞交一份完整候選城市資格文件給 IOC 和由 IOC 的評估委員會考評。評估委員會撰寫候選城市的報告送交所有 IOC 成員，隨後遴舉一個城市主辦比賽（IOC 為 2012 年夏季奧林匹克運動會的遴選會議於 2005 年 7 月在新加坡舉行）。

個案 4.2　世界巡迴賽事──Just Add Sand

在 1987 年第一個被國際排球總會（FIVB）認可的沙灘排球比賽是總獎金美金 2 萬 2 千元，於巴西的里約熱內盧（Rio de Janeiro）茵帕勒瑪海灘（Ipanema Beach）所舉行的賽事。從名不見經傳，到世界職業沙灘排球巡迴賽事轉變成全球性運動的巡迴賽事。在 2005 年，舉辦了含總獎金 7 千 5 百萬美元的 32 次巡迴比賽（16 次男子和 16 次女子），舉辦國家包括中國、南非、葡萄牙、印度尼西亞、日本、希臘、德國、挪威、克羅埃西亞、墨西哥、俄國與阿拉伯聯合大公國。

知名賽事舉行地點，譬如巴黎戰神廣場（Champ de Mars）、柏林皇宮廣場（Schlossplatz）（2005 年世界冠軍站）、米蘭都摩廣場（Piazza Duomo）和雪梨邦迪海灘（Bondi Beach）。在 2004 年，26 次巡迴賽吸引了 75 萬現場觀眾，包括總獎金超過 50 萬美金的大獎賽事。帥奇錶（Swatch）是世界巡迴賽（2005～2008）與世界冠軍的冠名權贊助商。國際排球總會（FIVB）是世界最大的運動組織，其擁有 218 個會員國，它是以洲際方式操作經營，共有非洲排球總會、亞洲排球總會、歐洲排球總會、中北美洲排球總會和南美洲排球總會。在國際排球總會（FIVB）指導下，這些各洲總會提供機會給排球和沙灘排球賽事組織、贊助商、電視轉播和全世界超過 5 百萬的排球選手。2004 年全球電視轉播共 104 次沙灘排球比賽，且在 205 個國家有超過 700 小時賽事和焦點節目轉播。歐洲體育台（Eurosport）是沙灘排球轉播的主導商，可使用 5 種不同語言接觸到 1 千 8 百萬個用戶。

大約 60 個國家，超過 700 位排球選手在沙灘排球世界巡迴賽中較勁。其中許多運動員是隸屬職業級。例如，在 2004 年頂尖男子選手來自巴西的艾曼紐‧雷戈

（Emanuel Rego）和里卡多・丹度士（Ricardo Dantos）贏得 7 個冠軍頭銜和獎金 26 萬 5 百元美金。瑞士馬丁（Martin）和保羅・拉西加（Paul Laciga）是以超過美金 1 百萬的收入成為世界巡迴賽中頂尖且空前贏家，然而巴西明星球員艾曼紐・雷戈（Emanuel Rego）在其生涯獎金已累積超過美金 1.3 百萬。2004 年巴西的謝爾妲・比得（Shelda Bede）和阿德里亞娜・比哈爾（Adriana Behar）在女子巡迴賽中贏得 3 個冠軍頭銜和美金 20 萬 6 仟美金，其生涯獎金約美金 1.8 百萬。

Source: International Volleyball Federation at http://www.fivb.org

🏀 媒體

　　1883 年約瑟夫・普立茲（Joseph Pulitzer）購買《紐約世界報》（*New York World*），《紐約世界報》是大都會的日報以約一萬五千份的流通量和創造現代大量發行的報紙。1892 年，紐約世界報增加其發行量至二百萬讀者，以當代標準是一個巨型的變革（Schudson, 1978; Hughes, 1981）。普立茲（Pulitzer）運用降低報紙成本、改變其通路、樣式、改進對新聞處理方式，且依流通量販賣廣告與使用標題獲得讀者的注意，來達到此巨大的發行量。重要地，在 1880 年代和 1890 年代早期，《紐約世界報》是報業第一個將體育運動放入報紙版面的報社（Oriard, 1993）。普立茲（Pulitzer）成為出版者的首要創舉，是建置體育運動部門與自己的運動編輯。藉由體育運動版面充實所產生隨後增量空間是《紐約世界報》發行量增加的原因。體育運動不僅受惠於報紙生產和內容的改革，同時也是資訊和娛樂印刷媒體的對頁（對摺）列印的發展貢獻者。

　　從 1890 年代資訊和娛樂的雙重作用不僅定義了報紙，同時對隨後媒體的形式，包括收音機、電視和網際網路也有影響。藉由媒體間的互相影響結果，會造成體育運動的轉變，這些新媒體形式對體育運動新聞的大眾化和利益的影響相當大。如果，在 1890 年代運動沒有涉及媒體所建構的圖像，在 1990 年代運動是不可能如此發展的。它現在可能會「沒有任何想像，只可逐字了解」（Rowe, 1999 , p.13）。

　　在 20 世紀的近十到二十年，職業運動和媒體之間的關聯是特別明顯。北美洲的國家冰上曲棍球聯盟（NHL）下的安納漢（Anaheim）霸王鴨隊（Mighty Ducks）的作法就是一個明顯的例子。隨主角艾密力歐‧艾斯特維茲（Emilio Estevez）主演迪士尼的電影霸王鴨成功打響而同樣命名，1992 年華特‧迪士尼（Walt Disney）公司支付國家冰上曲棍球聯盟（NHL）美金 5 千萬成為冰上曲棍球團的一員。由媒體集團擁有或經營的現象已有悠久的歷史，雖然不尋常，但霸王鴨隊不是唯一由媒體所擁有或經營的職業運動球隊。泰德‧透納的廣播公司（Turner Broadcasting Systems; TBS），隨後與時代華納（Time Warner）和美國線上（AOL）合併成為世界最大的媒體集團，在 1970 年代購買美國大聯盟（MLB）的亞特蘭大勇士隊（Atlanta Braves）和美國職業籃球聯盟（NBA）的亞特蘭大老鷹隊（Atlanta Hawks）。自 1997 年亞特蘭大勇士隊在透納廣場（Turner Field）比賽以來，透納仍然是美國線上時代華納（AOL Time Warner）董監事會的副會長，且勇士隊（Braves）比賽仍然是由透納廣播公司（TBS）轉播。

　　媒體願意支付巨額的轉播權利金來轉播運動，就是在說明職業運動和媒體之間的關係。另一個例子，奧林匹克運動會轉播橫跨全球與發覺運動受歡迎的現況，造成轉播權利金的成長是極為明顯的例子。圖 4.1 說明近四分之一世紀來的奧林匹克運動會巨額轉播權利金。很明顯地，運動是可有效地吸引觀眾和廣告商。重要地，職業運動和媒體之間的關係已達到兩者唇齒相依的關鍵點。對許多賽事或聯盟而言，門票曾經是最主要的收入來源，但目前轉播權利金是職業運動的主要收入來源。

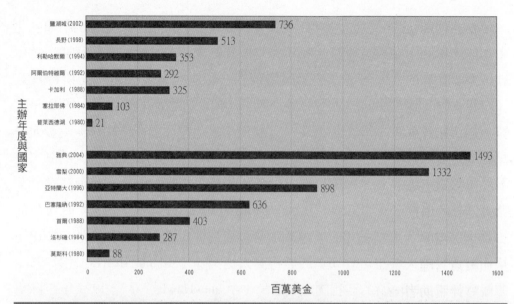

圖 4.1　1980-2004 年夏季與冬季奧林匹克運動會轉播權利金　（Source:www. olympic.org）

 贊助

　　贊助的安排或協定通常與提供給職業運動組織的金額，和球會或聯盟所接受的媒體報導數量有關。一般而言，媒體報導數量可被視為是球會或聯盟和電視臺或網路轉播權協定的根據。贊助商傾向與具有廣大的電視網絡且可接觸較多觀眾群的球會或聯盟合作。但是，媒體報導可能涉及球會或聯盟在不同形式的媒體中的一般報導，包括電視、收音機、報紙、雜誌和網際網路。媒體報導有助於提升球會或聯盟，且鼓勵球迷運動消費，即使不是親臨比賽現場亦可藉由其他媒體觀賞比賽。愈有能力吸引大量媒體報導的球會或聯盟是越有吸引觀眾和消費者的商業意識。因此，廣告商（或贊助商）經由觀眾所接受到的媒體報導，來評估職業運動球會或聯盟與贊助百分比的商業協定價值。

　　在運動之間、聯盟之間、球會之間和跨國之間有著不同的贊助水準。1985年國際奧會（IOC）總部所規劃「奧林匹克全球贊助計畫」，即是為了讓贊

助公司在奧運會時有遍及全球的行銷獨占權。可口可樂（Coca-Cola）、麥當勞（McDonald's）、柯達（Kodak）、亞米迦（Omega）、威士卡（Visa）和松下國際（Panasonic）是 2004 年雅典奧林匹克運動會的官方贊助商（official sponsors）。職業運動的贊助或行銷策略需要同時進行，由於球會或聯盟有意開放商業組織的贊助，讓商業組織藉由獲取冠名權或加入贊助行銷活動去排除或增加與球迷間的接觸。網際網路和網路行銷的發展是特別有助於此。

　　英格蘭超級聯賽（英超；English Premier League）就是職業運動聯盟和球會贊助者的增長例子。巴克萊超級聯賽（Barclays Premiership）是知名的運動賽會，以英國為主的金融服務集團所贊助，其下業務包括銀行業務、投資業務和投資管理。英格蘭超級聯賽（英超；English Premier League）也有以次要或夥伴贊助者的形式。例如：百威啤酒是聯盟的官方啤酒贊助商，然而葛蘭素史克製藥廠（GlaxoSmithKline）則是藉由葡萄適能量運動飲料（Lucozade）成為贊助者。再者，在巴柏克萊超級聯賽（Barclays Premiership）的球會皆有重要贊助的協議。各個球會的主要贊助商有資格將其品牌標示於比賽制服的正面顯眼處。曼徹斯特聯隊（Manchester United）的主要贊助商是沃達豐（Vodafone）電信公司，同時也是英國板球隊和法拉利一級方程式賽車隊（Ferrari Formula One）的贊助商。兵工廠（Arsenal）是由沃達豐電信公司的對手 O_2 電信公司所贊助，車路士（Chelsea）由酋長航空公司（Emirates airline）贊助，利物浦由丹麥嘉士伯（Carlsberg）啤酒贊助，埃弗頓（Everton）由泰國大象（Chang）啤酒贊助（有趣的是，嘉士伯與大象啤酒都是聯盟的官方啤酒贊助商的競爭者），與托特納姆熱刺（Tottenham Hotspur）由湯姆森（Thomson）旅行社贊助。

　　職業運動贊助比在球會和聯盟之間的商業協議更複雜。個別的運動選手亦有贊助協議，對球隊而言，可能提供運動選手合約外的津貼，對個別球員而言，可能提供運動選手獎金。澳大利亞游泳選手伊恩·索普（Ian Thorpe），同時也是雪梨（2000）和雅典（2004）奧林匹克 400 公尺自由式游泳冠軍，就是許多贊助者要贊助的對象。最吸引公司要與索普聯繫在一起的原因，就是他們不單單只是澳大利亞公司想要與澳大利亞運動員聯繫在一起。索普的

贊助商中最引人注目的澳洲公司是澳洲航空公司（Qantas），它有很強的全球形象。索普的贊助商還包括全球性運動服裝品牌愛迪達（Adidas）、在日本和中國的電子產品商新力（Sony）與日本電視網朝日電視株式會社（TV Asahi）。妥善選擇全球性的品牌除可提高運動選手的整體形象外，在一些受歡迎運動選手的案例中，贊助商會塑造運動選手成為自己的品牌之一。職業運動選手的贊助商對超級明星運動選手像皇家馬德里（足球）的大衛・貝克漢（David Beckham）、美國郵政隊（自行車）的藍斯・阿姆斯壯（Lance Armstrong）或休士頓火箭隊（籃球）的姚明（Yao Ming）是沒有限制的。相反地，只要哪裡有市場就會有職業運動選手的贊助商，對全球性運動選手而言，是屬於大規模經濟市場，對小規模或崇拜運動而言是屬於利基市場（niche market）。

亞迪歐鞋商（Adio footwear）和博豪斯滑板（Birdhouse skateboards）為了吸引特殊目標的市場，贊助滑板選手東尼・霍克（Tony Hawk），除此之外還有蘋果電腦（Apple computers）與麥當勞（McDonald's）贊助他。在前二個廠商的贊助協議，主要是增加特殊產品市場的銷售。而後二個廠商是企圖藉由東尼・霍克（Tony Hawk）的全球性品牌知名度，與目標市場消費者建立關係的協議。

個案 4.3　美國盃帆船賽（The America's Cup）

從西元 1851 年開始的「百吉尼盃」（Hundred Guineas Cup）已經成為世界上最大的職業運動之一。以引起國際性的注意而言，每四年舉行一次的美國盃帆船賽（America's Cup）是與奧林匹克運動會和世界盃足球賽分庭抗禮的運動賽會。西元 1851 年的百吉尼盃冠軍是縱桅帆船（schooner）「美國號」（America），將冠軍銀製獎盃從英國贏回美國，且更名為美國盃帆船賽，並交給紐約遊艇俱樂部作為國際競爭之用。在西元 1887 年簽下「捐贈契約」（deed of gift）後，訂定了一些契約規定，即使今天仍有許多當時的規定仍在執行中。美國遊艇占了絕對優勢，且直到西元 1970 年才出現唯一被允許的挑戰者。實際上直到西元 1983 年外國遊艇澳洲二號（Australia II）贏得美國盃帆船賽，才結束美國帆船的 132 年霸業。

澳洲帆船卻沒有在西元 1987 年成功保衛住勝利，然而美國帆船在西元 1991 年

成功保衛住勝利。1995 年，初試啼聲的紐西蘭帆船「黑色魔力」（Black Magic）成功打敗美國隊贏得冠軍盃，且於西元 2000 年成功地捍衛住冠軍。在西元 2003 年瑞士遊艇「阿靈基」（Alinghi）徹底地打敗紐西蘭船隊。在獲得勝利後，阿靈基船隊（Alinghi）宣布成立一家美國盃帆船賽賽事籌辦機構（AC 管理公司）監督西元 2007 年的美國盃帆船賽。美國盃帆船賽優勝者通常指定下一屆美國盃帆船賽地點為其國家，與先前賽事不同的是瑞士本身沒有臨海，只得以競標方式決定下一屆比賽地點，AC 管理公司幾經選擇後，宣布西元 2007 年美國盃帆船賽將選擇在地中海（Mediterranean Sea）水域中的西班牙‧巴倫西亞的附近沿海舉行（the coast of Valencia, Spain）。美國盃帆船賽下一屆舉辦地點的出價過程將會繼續，2007 年阿靈基船隊是否會被擊敗，目前情況未明。

　　美國盃帆船賽已經是世界上主要的職業運動之一。有別於奧林匹克運動會，任何人如果他們（隊或個體）夠優秀就可以參加比賽，除此之外，船隊要挑戰美國盃帆船賽還需要有足夠的財力支持。寶馬甲骨文帆船隊（BMW Oracle）是由甲骨文集團（Orcale Corporation）的億萬富翁創辦人兼執行長（chief executive officer; CEO）賴瑞‧艾利森（Larry Ellison）所投資建立，準備在 2007 年美國盃帆船賽中挑戰阿靈基的對手之一。甲骨文（Orcale）是最大的軟體公司之一，其年收入超出美金百億元，然而寶馬（BMW）是具世界領導聲望的汽車製造商之一。

　　每個挑戰 2007 年美國盃帆船賽的船隊，要先在第一輪中晉級，可能需先投資超過 1 億美金，贏得挑戰阿靈基的權利，第二擊敗以精巧聞名的瑞士隊。光在船隊和遊艇的研究與發展可能需要花費 2 千萬美金，且需支付給比賽策略專家每年約 20 萬美金，船長每年約超過 50 萬美金。唯獨工資可能較為固定，特別是紐西蘭酋長船隊，從 2005 年開始到比賽結束需要聘僱至少 95 名全職員工。航行費用約 10 萬美金，遊艇船體約 1 百 50 萬美金。總之，美國盃帆船賽遊艇與其械組船員是最昂貴的部分，至於財力的部分、專業經驗技術的部分和航行的部分又是另類的運動較勁。簡單說，在 21 世紀之初，這是職業運動指標的典範。

Sources:　32nd America's Cup website at

http://www.americascup.com; BMW Oracle Racing Website at

http://www.bmworacleracing.com and Forbes online at

http://www.forbes.com

🏀 球員管理

　　始於 1960 年代，國際管理集團（International Management Group; IMG）是領導世界的球員管理公司之一，在 30 個國家 70 個辦公室聘僱超過 2000 位員工（www.imgworld.com）。曾幾何時球員管理的事務已發展成包括電視和出版的複雜商業操作。高爾夫球選手阿諾·帕爾瑪（Arnold Palmer），是西元 1958 年、1960 年、1962 年和 1964 年美國名人巡迴賽（US Masters golf tournament）的冠軍，1960 年美國公開賽（US Open）和 1961 年與 1962 年英國公開賽（British Open）的冠軍得主，同時也是 IMG 創辦人兼執行長馬克·麥考梅克（Mark McCormack）在世界上所簽下的第一個運動選手。在 1960 年代由帕爾瑪（Palmer）和麥考梅克（McCormack）的運動「品牌」概念是第一個嘗試變換優秀運動選手的經營方式。運動和商業原先就是相關的，但他們的運用方式更是獨特。垂直和水平的整合是成為「運動事業」（Sportsbiz）的根本（Boyle & Haynes, 2000）。麥考梅克（McCormack）讓經紀代理的關係更進一步，是以一個長期基礎為依據，一開始先處理合約協議，積極地尋找商機，和計畫了帕爾瑪（Palmer）品牌的銷售，而不是以選手特別的表現作為先決條件。麥考梅克（McCormack）首創重要先例，將選手視為可銷售的商品。國際管理集團（IMG）的競爭對手奧克塔根（Octagon）亦是一個全球性運動行銷公司。橫跨世界 35 個不同運動領域，代表和促銷運動選手。它的客戶包括一些最著名的運動選手和婦女，例如網球選手萊頓·休伊特（Lleyton Hewitt）和艾蜜莉·莫瑞絲摩（Amelie Mauresmo）。奧克塔根（Octagon）同時是美國在 2004 年雅典奧林匹克運動會 400 公尺混合四式與 200 公尺蝶式的金牌游泳選手邁克爾·菲利普斯（Michael Phelps）的經紀公司，在現代激烈的運動商業化環境裡，邁克爾·菲利普斯是成功運動行銷和管理的例子（www.octagon.com）。奧克塔根（Octagon）建議菲利普斯（Phelps）專注在游泳池的表現，但奧克塔根利用一場符合目標市場的宣傳活動中強調菲比斯的故事，使其適時地曝光於《華爾街日報》（*Wall Street Journal*）與美國《今日報》（*USA Today*）。奧克塔根（Octagon）為菲利普斯（Phelps）與美

國企業界之間產生連結關係的成果，包括與速比達（speedo）簽下有史以來最大的代言協議和與威士卡（VISA）、亞米迦（Omega）與美國行動電信公司（AT&T Wireless）的補助金約定。

　　從許多方面來看，雖然在個人運動項目的選手自然成為經紀人和贊助商的目標，然而在其眼中，團體運動項目的選手卻是更有價值性。在美國，名詞「倍數」（multiples）的使用涉及有能力吸引多個媒體和代言的運動選手。倍數所代表的是最高的水準，他們可以幫助運動賽會帶來大批球迷，幫助球隊獲得轉播或贊助商協議，他們有潛力提升球隊商品和授權商品及其他情況的銷售，增加組織的淨利價值。因此，運動選手的個人收益中可能包括其商業潛力的計算（經由球隊或經紀人），同時此商業潛力會隨其所在球會或聯盟成長。在 2002 年姚明帶領上海鯊魚隊獲得中國籃球聯賽冠軍，平均每場得分 32.4 分、籃板球 19.0 個和阻攻 4.8 次。2002 年 NBA 選秀會選秀狀元是由休士頓火箭隊（Houston Rockets）選擇來自中國國家籃球隊年僅 18 歲身高 229 公分的姚明。他在美國職業籃球聯盟（NBA）的第一個球季，不僅是年度的新人王人選之一，且火箭隊由於他的加入，勝率從 34％提升至 52％。為了顧及在中國關心姚明的眾多球迷，休士頓火箭隊網頁適用於英文或華文（www.nba.com/rockets）。對球隊和聯盟而言，姚明與火箭隊的契合意味著對商品銷售和轉播權利金可能有重大影響。2005 年一部電影「姚明來了」（The year of the Yao）述說了姚明第一年在 NBA 籃壇的奮戰和他從中國到美國的心路歷程，及姚明的受歡迎與未來的市場價值證據（www.yaoming.net）。

　　在任何研究皆指出職業運動明星都有好的薪資報酬。重要地，他們的薪資部分是與球會、聯盟、排名賽和賽事的收支有關。實際上，在一些職業運動與強大的球員工會，視聯盟收支的百分比為球員的薪資水準。表 4.2 列出 2005 年世界上最高薪資的足球運動選手。他們的年收入是表示他們的球場專業領域價值和各自球隊有實質的投資，及他們球場領域外的商業價值。

表 4.2　2005 年最高身價的足球選手

足球選手	所屬隊伍	年收入（美金）
貝克漢（David Beckham）	皇家馬德里（Real Madrid）	32,000,000
施丹（Zinedine Zidane）	皇家馬德里（Real Madrid）	20,000,000
羅納度（Ronaldo）	皇家馬德里（Real Madrid）	18,000,000
魯爾（Raul Blanco）	皇家馬德里（Real Madrid）	12,000,000
小羅納爾多（Ronaldinho）	巴塞隆納（Barcelona）	12,000,000
奧利佛·肯尼（Oliver Kahn）	拜仁慕尼黑（Bayern Munich）	11,500,000
麥可歐文（Michael Owen）	皇家馬德里（Real Madrid）	11,000,000
迪比亞路（Alessandro del Piero）	祖雲達斯 （Juventus）	10,000,000
克里斯蒂安·維耶里（Christian Vieri）	國際米蘭（Inter Milan）	9,000,000
蒂埃里·亨利（Thierry Henry）	兵工廠（Arsenal）	8,000,000

資料來源：www.forbes.com

歸屬和結果

　　職業運動為了有效地調控和管理其事業，會運用許多不同的歸屬關係和經營模式。有些模式有其強烈的歷史傳統，有些則為他們的事業做出不同選擇或調整。職業運動球隊與聯盟的差異關鍵在於職業運動球隊「營利極大化」與聯盟「勝利極大化」的認知差異。這些敘述是否可以準確地表達職業運動球隊和聯盟作法確實引發一些爭論，不過使用廣義分類操作定義和財政優先來看。球隊營利極大化，例如在美國主要職業運動聯盟，傳統上由個人或商業集團所擁有，投資職業運動球隊以尋求最大化財務回收為目的。然而在一些運動項目上，例如英國、蘇格蘭和澳大利亞的足球和板球（Quirk & Fort, 1992），先贏得一個重要優先權比獲得利潤更重要。實際上，在一些以勝利最大化的例子中，特別在簽下球隊無法負擔高薪選手時，會導致球隊陷於財務危機。

　　在某些例子中，藉由商業的轉變歸屬模式漸漸適用於一些特殊狀況。在

日本的職業足球賽 J 聯盟（J-League），球隊如柏雷素爾（Kashiwa Reysol）是私人所擁有。雷素爾（Reysol；太陽神）是由專門生產電子產品和設備製造的日立公司所擁有。成立之初是日立集團（Hitachi corporation）的業餘足球隊，在 1993 年職業化且以雷素爾（Reysol）加入日本職業足球 J 聯盟。

　　勝利極大化或營利極大化取決於球隊是否是聯盟的一部分，球團間必須在某程度上互相合作以確保球迷、贊助商和媒體保持興趣和參與運動事務。對球迷而言，比賽結果若具有不確定性較結果僅由運動聯盟中一或兩隊所支配來的有吸引力。即使球隊經常是犧牲表現不好球隊的部分利益，但當聯盟中有長期強勁的死對頭卻會增加比賽的吸引力（例如：在美國職業籃球聯盟中的洛杉磯湖人隊與波士頓塞爾提克隊、在蘇格蘭足球超級聯賽中的遊騎兵隊與塞爾提克隊）。反之，運動聯盟中若不是由一或兩隊來支配，且比賽結果是具不確定性（單場比賽或單季球賽）則稱之為「競爭平衡（competitive balance）」（Quirk & Fort, 1992）。世界各地的職業運動聯盟為達到競爭平衡，設法制定難以理解的措施。以經營橄欖球或足球聯盟而言，或許最明顯且公開的措施是如美國美式足球聯盟（National Football League; NFL）或澳大利亞橄欖球聯盟（Australian Football League; AFL）的新人選秀制度。為了平衡聯盟中比賽的能力和營造更有可看性與競爭性的比賽，新人選秀制度允許聯盟分派最佳的新秀選手到當球季表現欠佳的球隊。

🏀 總結

　　本章節對職業運動之本質和永續經營之關係作概要性的敘述。媒體、贊助商、經紀人、業主、廣告商、聯盟、球會俱樂部和運動選手皆是維持此商業聯盟的一部分，此商業聯盟的每個夥伴亦皆對提升和支持活動有興趣。在 21 世紀商業網絡與職業運動的結合是一大趨勢。自 20 世紀中葉起，職業運動聯盟和球會愈來愈願意在其活動（運動和賽會）中促進其夥伴的產品和服務，且此過程已成為在億萬美元產業的主要角色。

複習題

1. 運用促銷迴路概念解釋在職業運動產業中贊助商和媒體的角色。

2. 解釋公司贊助職業運動球會、聯盟或運動選手的理論基礎。

3. 媒體對職業運動生存是否是重要的？

4. 辨識一個國際性和一個國內性職業迴路且檢驗它的操作。什麼是吸引球迷和媒體的特殊因素？

5. 選擇一個職業運動聯盟且清楚其過去二十年電視轉播所支付的轉播權利金。期間是增加或減少？解釋為什麼。

6. 選擇一個非固定地點舉辦的運動賽事或排名賽。想像您所居住的城市將出價投標賽事的主辦權且想象其潛在利益項目考量例如經濟、環境、運輸、公共事業和房子。

7. 選擇一位高知名度的運動選手，讓某公司或產品贊助此運動選手。那運動選手是經由經紀人或個人獲取贊助或代言協議的呢？

8. 選擇世界上一個運動聯盟且辨識它應該被分類為「勝利極大化」或「營利極大化」。提供一個理論基礎解釋您的答案包括聯盟的球隊歸屬評論。

9. 寫出名列世界前 5 大高薪的運動選手名單。此名單是否告訴您關於運動商業市場大小？

10. 寫出一個虛構國際運動迴路。您的賽會將於世界上哪個城市主辦且為什麼？

進 階 讀 物

Bellamy, R. (1998). The evolving television sports marketplace. In L. Wenner (ed.) *MediaSport*. London: Routledge, pp.73-87.

Boyle, R. & Haynes, R. (2000). *Power Play: Sport, the Media and Popular Culture*. London: Longman.

Cousens, L. & Slack, T. (2005). Field-level change: the case of North American major league professional sport. *Journal of Sport Management*, 19 (1), 13-42.

Euchner, C. (1993). *Playing the Field: Why Sports Teams Move and Cities Fight to Keep Them*. Baltimore: John Hopkins University Press.

Fielding, L. et al. (1999). Harlem Globetrotters International, Inc. *Journal of Sport Management*, 13(1), 45-77.

O' Brien, D. & Slack, T. (2003). An Analysis of Change in an Organizational Field: The Professionalization of English Rugby Union. *Journal of Sport Management*, 17(4), 417-448.

Shropshire, K. (1995). *The Sports Franchise Game*. Philadelphia: University of Pennsylvania Press.

相 關 網 站

Americas 美國

- National Football League—http://www.nfl.com
- National Basketball League—http://www.nba.com
- Major League Baseball—http://www.mlb.com
- National Hockey League—http://www.nhl.com
- Nascar—http://www.nascar.com
- Professional Golfers' Association—http://www.pga.com
- Ladies' Professional Golf Association—http://www.lpga.com

Australia and New Zealand 澳洲與紐西蘭

- Australia Football League—http://www.afl.com.au
- Cricket Australia—http://www.baggygreen.com.au
- National Rugby League—http://www.nrl.com
- Super 12 Rugby Union —http://www.rugby.com.au
- New Zealand Rugby—http://www.nzrugby.com

Great Britain 英國

- English Premier League—http://www.premierleague.com
- British Rugby League—http://uk.rleague.com

Asia 亞洲

- J-League—http://www.j-league.or.jp/eng/
- Japanese Sumo Association—http://www.sumo.or.jp/eng/index.html

◎ Chinese Professional Baseball League—
http://www.cpbl.com.tw/html/English/cpbl.asp

Europe 歐洲

◎ European Champions' League—http://www.uefa.com/

◎ Serie A (Italy) —http://www.lega-calcio.it/

◎ Real Madrid—http://www.realmadrid.com/portada_eng.htm

◎ Bundesliga (Germany)—http://www.bundesliga.de

◎ European Professional Golfer's Association Tour—
http://www.europeantour.com

Global 全球

◎ Olympic—http://www.olympic.org

◎ World Cup—http://www.fifa.com

◎ America's Cup—http://www.americascup.com

◎ Tour de France—http://www.letour.fr/indexus.html

◎ Formula One—http://www.formula1.com

◎ Association of Surfing Professionals—http://www.aspworldtour.com

◎ Association of Tennis Professionals (men) —
http://www.atptennis.com/en

◎ Women's Tennis Association—http://www.wtatour.com

◎ World Rally Championship—http://www.wrc.com

第二部分
運動管理原則

第五章
運動策略管理

本章概要

· 概要
· 策略管理原理
· 為何從事策略管理？
· 運動管理策略
· 策略管理程序
　◇ 策略一：策略分析
　◇ 策略二：策略方向

◇ 策略三：策略規劃
◇ 策略四：策略的完成
◇ 策略五：策略評估
· 總結
· 複習題
· 進階讀物
· 相關網站

概要

　　本章揭示了策略管理的步驟與技巧，並把焦點放在具體地闡述組織在競爭環境中的定位分析、適當策略的選擇、策略趨勢目標設定、策略特殊產能的影響力和過去策略行動的評價。這些步驟回顧了整體策略計畫內部的脈絡。

　　閱讀完本章，讀者應該能夠：

　　🏐　了解策略和計畫的差異；
　　🏐　體會為何策略管理確實可行；
　　🏐　知曉策略管理過程中每一步驟的區別；
　　🏐　確認策略管理的技巧和工具；

　　🏐　具體說明策略規劃文件包含的步驟；

　　🏐　解釋不同類別的運動如何影響策略管理程序。

🏀 策略管理原理

　　簡單地說，策略是介於組織和其外在環境相對稱的介面（Viljoen & Dann, 2003）。著眼於策略的方向是個有利的開始，因為策略方向強化了組織本身和其運作狀況兩者的重要性。策略的核心價值是假設以上兩個因素都同樣重要。此外策略不但牽涉到組織全體的運作，而且也涉及到所有的外在環境，策略方法區別了策略管理步驟和其他管理的範圍。

　　策略管理中最棘手的構面之一便是其複雜多元化的特性。2002 年 Johnson 和 Scholes 兩位學者舉例指出以下幾個影響策略判斷形成的重要特徵：

　　⚾　策略影響組織的活動範圍方向；

　　⚾　策略包含組織活動適應環境的過程；

　　⚾　策略需要協調組織活動和其自身的資源及潛力；

　　⚾　策略的本質受到組織關鍵領導人本身觀念和期望的影響；

　　⚾　策略決策影響組織長期的方向。

　　根據 Johnson 和 Scholes 兩位學者的觀念可推論出，策略管理不但需要對組織有敏銳的觀察，而且需要具備對決策進行詳實推論的能力，但是這些觀點，遺漏了一個在策略步驟中極其重要的結果。1996 年 Potter 指出：在競爭環境下，策略的核心目標會隨之改變。藉由這個觀點，策略便可以協助解釋足球俱樂部為何不同於其他俱樂部？或在同一區域，為何顧客越過這個娛樂消費場所，選擇了另一個？按照 Potter 的觀點，組織應該在本身與外在環境間建立一個其他組織無法輕易複製的競爭優勢。

　　在我們開始著手進行策略分析前，我們必須在定義上做幾個重要的區隔。第一個要建立的觀念是策略與規劃是不同的兩件事。策略可以定義為運動組

織運作時，按照本身潛能與環境變動因素，檢測活動範圍和方向的步驟。規劃是採取按步就班的方法指出為何這麼做？與誰合作？何時？要運用什麼資源？並依此下決定的過程。總之，策略是運用科學的手段，結合分析與創新。規劃定義為運用系統演繹的方法、步驟和行動，並需要採用近似策略完成的形式。策略管理運用步驟把策略與規劃結合在一起。

第二個建立的學術觀念關係到策略命令的一般性使用。這個觀念可以合乎邏輯的解釋與判斷形成三個層次。第一個層次，是定義在運動組織實際參與事業定位時所面臨的風險。舉例來說，企業核心可定位於提供運動競賽、休閒會所經營、運動經紀、紀念盃比賽、冠軍盃賽事、運動週邊商品販售等，來創造利潤或提升股東財富。在第二個層次中，策略通常定義為組織如何與其他競爭者相抗衡，策略在此解釋為：競爭優勢要如何建立與維持？策略也被運用在經營層次上去定義，日常活動如何進行？資源如何佈署才能有效支援組織活動？舉例來說，廣泛的策略是為了改善操作者對方法的搜尋，可能利用購買電腦軟體的操作策略來提供支援。

爲何從事策略管理？

令人意外的，策略步驟管理的需求並非一定要深思熟慮，有些管理者相信運動產業實際自然的運作步調會阻礙系統性策略管理步驟的運用。對於經理人來說，策略是不間斷的發展規劃以及立即反應周遭發生的事件。然而，這種方式基本上與策略管理原理相對立，其強調個人所屬運動組織積極塑造未來的重要性，而不是等待情勢變化再促成行動。公開的娛樂相關活動是優良策略的核心，因為它可以幫助減少混亂無章以及像運動一樣多變化產業的不確定性，在運動場上公開的活動表現對於組織的成功有絕對的影響。那些為人所熟知的策略管理觀念，面臨傑出策略活動需求時，總是因為不確定性而爭辯。舉例來說，一個運動俱樂部隨著績效落在梯形圖頂端而產生相當大的盈餘，但落在梯形圖底部則產生危險的赤字，所以從事策略程序的目的在於尋找管理財務平衡的新方法。另外那些反對贊成從事策略管理方法的人，認為機會總是顯而易見。要定義尚未在競爭中取得平衡的新機會並不容易，

需要透過分析與創新的思考，策略的建立沒有投入時間和精力兩者是無法輕易完成的。

　　協調對於組織公開活動的觀念是很重要的，換句話說，缺乏策略規劃的廣泛方法，組織內各個不同的部門很可能各自為政。因此，罕見資源整合部署方法的要點與廣泛策略的本質是互相一致的，對於策略來說，這些整合的方法可以確保新策略再次提出改變。對於許多運動組織來說，變革視為必要的生存條件，策略的再設定就像 Lewis（1993）所說是變革管理認知的組成，其中知識管理的部分可以重新計畫。這些過程的結果應該被協調以企圖達成目標。這些目標建立於組織資金保管人在目標達成與資源需求的帳戶平衡上。另外有此一說，效率是另一個目標組織。

🏀 運動管理策略

　　運動管理策略中最大的一個問題來自於尋求兩個或更多分歧責任的協調，舉例來說，對於運動組織不但要追求完美成功也要改善活動參與的層次是件非常普遍的事，資源分配對於由策略觀點產生的承諾是非常棘手的，因為他們並不是絕對如我們所建議能共處不悖。簡單的假設，一個成功的國際特殊運動便有吸引人參與的誘因。Pieter van den Hoogenband，荷蘭奧林匹克游泳冠軍的成功，也許會引發荷蘭人參與游泳運動。同樣地，在澳洲網球公開賽後，網球的參與人數增加，然而在這兩個例子中，新參與者的保留率在中期少的可憐，更別提長期了。

　　假設對於策略決策設定是件危險的事。來自於賺更多錢與超過所有成本，與培養玩家和增加參與者的壓力。問題處理的更複雜，反而分散了運動原本方向的選擇注意力。

個案 5.1　國際板球理事會組織遷移至杜拜

　　世界上最傳統古老的運動之一，做了一個關鍵策略決策，把它們的國際辦事總部，由 100 年前發源地遷移到杜拜。管理國際板球理事會的組織在世界板球議會（ICC），投票決議將倫敦的管理本部移到阿拉伯聯合大公國的杜拜。

　　這項決議，在 ICC 理事會中得到 10 個準會員國和 3 個組織會員國中代表委員一致通過同意。投票中有一票棄權，只有一票反對這決議，是怎樣的誘因導致這個全體一致但又意義重大的決策再定位呢？

　　有兩個原因促使了這個特例的決策成形，第一個是 ICC 在愈來愈多全球板球理事代表的監督壓力下，必須履行它的承諾，換句話說國際運動法人組織認為是時候把以英國傳統全民為中心的板球運動做自我分割，來鼓勵國際板球的區域發展。

　　總結所有決議，板球需要一個法人管理組織，由原本的位置移動到對所有會員國地理上公平的地方，杜拜便是如此特別的選擇，它是位於中東阿拉伯聯合大公國 7 個產油致富的石油酋長國之一。雖然，板球在 Sharjah 北方的酋長國間非常流行，但在杜拜卻不甚流行。因此落點選擇的政策中立性與地理上的公平，牽涉到板球運動在澳洲、紐西蘭、英國、西印度群島、巴基斯坦、印度和南非等各國發展的興衰，此外，ICC 也促使了杜拜運動城市的建立，當它完成時，也將興辦 ICC 第一個全球板球學院。

　　為了成為國際最傑出的運動中心，位於杜拜運動城市的 ICC 學院設置了 3 個觀賞座位的板球運動館，室內外多功能會議廳、健身房、游泳池、運動科學中心、醫學研究中心和教育演講廳。杜拜運動城市也召集其他的運動項目包括曼徹斯特聯合足球學院、Ernie Els 認證高爾夫課程、大衛羅意德網球學院和 Butch Harmon 高爾夫學校以提升它的國際形象。

　　第二個原因顯得太世俗化，但對於策略觀點來說卻是個有力的平衡。英國財政部婉拒了 ICC 對於課稅優惠的要求。隨著阿拉伯聯合大公國吸引人的課稅條件，在組織財務策略定位上，杜拜占有重要的優勢。ICC 已經在蒙地卡羅開設公司企圖避免英國的課稅。進駐杜拜運動城市提供許多誘人的條件，由推廣建立板球運動的角度來看，ICC 決定阿拉伯聯合大公國為最佳的選擇。

策略管理程序

　　策略管理（見圖 5.1）是一個程序，代表規劃和機會兩者重疊的部分，這種思考的方法出現在策略觀念，第一次運用它的是陸軍。在戰場上，利用環境條件塑造不利敵軍的戰鬥局面是最高的指導原則，舉例來說，陸軍策略中

的核心理論之一是運用計謀迫使敵人陷入數量上超過的衝突點。區域的多變因素和致勝先機的機會或同時由前方和側翼攻擊敵軍，使得決策變得更複雜。這些理論運用在運動策略管理程序上同樣非常實用。

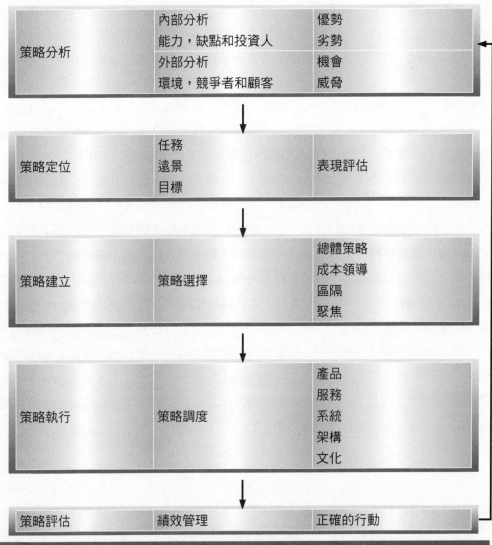

圖 5.1　策略管理程序

　　一如往昔，運動產業經理首先必須對於市場環境做出評估。他們藉由探討組織內部能力與缺陷、組織競爭對手、股權結構和外在競爭環境。在策略

管理程序的第一個階段稱為策略分析。

　　接下來，由第一階段所獲得的資訊觀點，運動產業經理必須對於未來做些決定。這些決定集中在於代表性的公司使命陳述並記錄組織的目標。組織長期追求的目標亦即願景的陳述，和評估所有的目標以定義必要的成績並沿著這個方法達到願景。這個策略管理程序的第二個階段稱為策略定位。

　　定位只是決定組織如何獲取它所需要的東西，在下一個步驟，運動產業經理必須考量未來的方向如何被理解，這就是策略管理程序最具創造性的部分。在這裡，運動產業經理和他的團隊，必須同心協力推論出對於組織最好的方法或策略。此時，組織的關鍵性挑戰是去適應外在的獨特情勢與環境，當它進行順利時，機會價值的開發便達成，這個階段稱之為策略建立。

　　隨著清楚方向與精確概念的定位，風險對於運動產業經理人來說是一項成就。在這個概念下，產品、服務和組織從事活動的階層和系統的支援是隨著多元化策略而有規則的調整，這是先前步驟所建立的。也就是策略執行階段。

　　最後，說明策略在第一時間很少完美是很重要的，時時修正策略是必要的，通常如果是不重要的調整，策略便會實施。然而，有時候關於策略本身的適當與否，是需要再思考的。關於已經得知如何成功的事或第一現場的回饋都不需要，也能成功地進行。這也就是為何在策略管理程序的最後階段，策略評估是必須的，在這個階段，組織要再檢視是否可以達成目標。大部分的時間，需要些矯正的行動。通常，這些變動的刺激因素都是料想不到的事件，當組織運作時便會影響到外在環境。這便需要策略分析來回覆。在這個觀念下，策略管理程序絕不能停止。事實上，為了建立最好的結局，策略也經常在各階段中向前後調整。

　　當管理的觀點既非直線也非不連接，但不斷的循環檢視和繼續運作時，策略程序便發揮的相當有效。

策略一：策略分析

　　運動產業經理人要面對最大的挑戰之一，就是快速設定策略與及時行動的渴望。當一個指令下達便刺激經理人馬上行動是一種天性，很多策略都因

此失敗，因為就像 Dess 和 Lumpkin（2003）所說的：事前的工作並沒有徹底的執行。這個事前的工作必須廣泛地檢視內在與外在的環境。執行的工具包括：⑴ SWOT 分析；⑵投資人和消費者需求分析；⑶競爭者分析；⑷五力分析。

SWOT 分析

SWOT 分析是環境分析中最基本的工具之一。這種類型的分析習慣由內部和外部檢查組織的策略定位。SWOT 分析技術考慮到組織必須面對的內部優勢、劣勢與外部的機會與威脅，SWOT 分析分成兩個部分，第一個部分總結優勢和劣勢，重新提出組織內部分析。這個分析涵蓋了組織控制的所有事情，可以順利執行的歸類為優勢，另外比較難達成的便可視為劣勢，SWOT分析的第二個部分關係到組織無法直接控制的外部因素。第二部分分別是機會與威脅。換句話說，問題和環境情勢的存在，兩者都可以利用或需要去協調。

採用 SWOT 分析技術的目的，在於找出扮演影響組織方向和成功策略可能的角色所需具備的主要因素，為了這個目的，運動產業經理應找出所有的問題。最令人讚賞的規則便是在這 4 個分析項目下，各自找出 5 個以上的因素。按這個方法，比較重要的議題便要放在較高且必須優先考慮的位置。

找出組織內部分析的優勢、劣勢部分是種考量，針對當下它需要時間的定位以及組織立即要執行的部分。優勢可以被定義為組織訂立自身策略方向的資源和能力。一般優勢包括忠誠的教練員、健全的會員組成基礎或一個優秀的基本建設方案。劣勢應可視為訂立策略方向時的阻礙或提案的限制與不適當性。一般的劣勢包含了薄弱的訓練技能、不恰當的贊助關係或降低的自願勞動力。

對比之下，機會和威脅分析都具有對未來思考的範圍，因為關於未來會發生的事都需要去考慮。機會是組織增加能力優化局勢可利用的有利情況和能力。一般機會的傾向包括新政府的承諾、對於新市場或潛力產品的認同。威脅是令組織更難以獲得策略方向的情況。一般的威脅包括，提漲的操作員薪資，新的競爭者或像年輕人電腦賭博普及率增加等休閒消費的不利傾向。

投資人和消費者需求分析

在環境分析尚未完成前，對於投資人與消費者而言，評估有其必要性。投資人指的是對組織有興趣的人或團體，他們有興趣的地方包括組織的員工、操作者、會員、社團或附屬的管理法人、政府、社區、場館老闆、贊助人、廣播電台和運動迷。對於運動產業經理來說，不變的課題是誰製造快樂、謹慎或非刻意的服務是吸引投資人興趣的關鍵，他們偏愛什麼涉及策略方向與有限資源分配的設定。舉例來說，有些專業俱樂部傾向針對獲取所有優先重要事情之外的事情，包括合理的財務管理。當然它在短期造成會員和運動迷的快樂，但這無法反應法人團體、社團和員工的興趣，對於他們來說，保持一定水準的企業是基本的原則。

當贊助者和政府運動資金部門覺得需求沒被滿足，便會準備將資金抽走。在策略方向訂立前，每個投資人在他們各自的運動組織中，對目標和意向做了精確的分析。那些最具影響力投資者的信任、價值和預期，影響了策略的本質。

競爭者分析

機會和威脅包括外在環境所有的變數，其中含有競爭者的競爭風格與能力也因為競爭者的行為而大大影響到策略方法的成功，競爭者分析依例會以系統性的調查為分析提供正確性保證。

競爭者分析有許多種形式，這些形式可以細分排列出。然而多數的競爭者分析考量到下列如表 5.1 的範圍。對於每一個競爭者，這八個項目都必須被考慮。時效性與可投入程度應該拿來對競爭者策略、優勢、弱勢和資源做評估，就像競爭對手下次活動一樣評估。

五力分析

五力分析是競爭環境分析的延伸，它是由學者麥可‧波特創立（如圖 5.2），它是描述競爭環境最常使用的工具，這個技術針對在 5 個競爭力下做分析（Porter, 1980）。

表格 5.1　競爭者分析範圍

範圍	說明
地理範圍	區位和重疊部分
遠景	由生存到企圖取得優勢的範圍
目標	短期到中期目標
市場占有率和定位	由小規模到實際上的壟斷
策略	獲取競爭優勢的方法
資源	生產量和可得到的東西
目標市場	產品和服務賣給誰
行銷方法	產品、服務和促銷的定價和分配

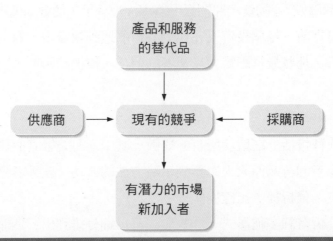

圖 5.2　5 力競爭分析

　　新加入者的威脅：每個組織都必須面對隨時有競爭對手進入他們產業的可能性。在有些專業運動項目裡便不可能存在這種情況，因為進入障礙非常高。舉例來說，私人的聯盟協會便非常困難進入市場去對抗任何一個專業的歐洲足球協會，另一方面，新的運動場館、事件活動、運動服裝公司和器材製造商在運動產業中都是正式的市場進入者。

　　客戶的議價能力：客戶是運動組織提供產品和服務時購買的個人、團體和公司。自然的競爭環境受到優勢或客戶議價多少的影響。舉例來說，如果

足球門票價格是個徵兆，那香港大部分的足球迷是有點權力的。當那有議價存在，價格便下降點。儘管，某些單項運動的廣播電台媒體權力購買是十分浪費的，相對地媒體購買商的議價能力便很大。然而，對於大部分的運動組織來說，主要的賣家是運動迷，他們無法團隊合作去提升議價能力，因此，客戶的議價能力是有限的。

　　供應商的議價能力：當掌握關鍵技術的運動組織供應商揚言調漲產品價格或撤銷服務時，他們企圖提升自己的議價能力，這種情況可能來自於建築物的必須原料供應商、新技巧擁有者，或來自運動器材供應商。最重要的運動供應商爭議來自於有關職業運動員工會企圖增加薪資和俱樂部經費的最高限制。職業運動員團體的組織完成，他們的議價能力證明是有意義的，在2002年來自美國職棒大聯盟球員的罷工被有效的避免，但最近再解決類似的問題卻失敗了，反而導致美國國際曲棍球聯盟停賽整季。

　　替代商品或服務的威脅：愈來愈多的傳統運動產業部門擴展增加，不同的運動彼此互相競爭對抗是司空見慣的事。當這個威脅升高，運動組織面對的是其他運動，或更惡化成其他各種形式休閒產業的外在競爭。

　　現有產業中的強烈競爭行為：大部分的運動組織提供實際上完全相同的產品和服務，所以競爭行為是十分強烈的。舉例來說，在運動鞋市場，耐吉和愛迪達間便有非常劇烈的競爭。在同一聯盟下的運動俱樂部，分享同一個地理區域其中的競爭是含糊不清的。倫敦足球俱樂部、澳洲墨爾本足球隊和學院都在美國同一州，這都是例子。在這些案例中，俱樂部不可能由其他當地俱樂部來私下進行支持者的動作。一間學校的男女校友也不可能參加別校的家庭聚會或團體。然而，這些俱樂部不僅在媒體行銷、公司贊助、運動員、教練、經理和管理職員上做劇烈的競爭，他們也會在爭奪冠軍盃上做一切你想像得到的競爭。

個案 5.2　國際柔道聯盟 SWOT 分析

　　就像其他的運動一樣，柔道起源於傳統或實際生活的一部分，為了提升全球形象與運動參與率，柔道在策略規劃上面臨許多挑戰。然而，國際柔道聯盟（IJF）正

努力找尋其策略目標的著力點。舉例來說，運動技術和組織觀點在近十年來有了根本的改善，尤其是女性柔道進入奧林匹克成為一個主要的指標。

　　爲了強化運動的發展和下一組目標的達成，IJF 導入了策略管理方法，包括了方向和願景的建立，此外，當策略分析的部分在方法之前，IJF 建立環境評估的架構。在這個時期，IJF 認為隨著千禧年的到來，會由其他競技運動產生更多競爭，他們不但需要對內部優勢、劣勢做評估，而且要面對發展前途和障礙。這個結果便是如下所列的SWOT分析。每個論點都用句子的形式來解釋，並提供讀者體會必要觀念的脈絡。

優勢：

　　1. 柔道強調身、心兩者的修練。

　　2. 柔道是室內運動，可以全年無休地練習。

　　3. 柔道是任何年齡、男性、女性都可以參與的運動。

　　4. 柔道紀念章的普及已是非常普遍的現象。

劣勢：

　　1. 對於一般的觀眾來說，柔道的規則是十分難理解的，並且誰是勝利者也很難決定。

　　2. IJF 內部的財務劣勢來自於缺少商業廣告的支持。

　　3. 技術運用在歐美大陸協會與國際聯盟間存在極大的不同。

　　4. 未開發國家無法獲得公司法人的贊助關係。

機會：

　　1. 柔道的宣傳與建立機會來自於它在奧運的重要性。

　　2. 另一個機會來自遍及全球健康與精神修持的趨勢。

　　3. 在最頂尖競賽層次中培養一個明星選手。

　　4. 政府支持和奧運活動將變成教育系統的一部分。

威脅：

　　1. 有限的廣告曝光。

　　2. 可能會在奧運比賽項目被除名。

　　3. 重要比賽的失利導致國內普及率下降。

　　4. 一般的觀眾很難區分柔道和其他競技運動，因為它們非常類似。

策略二：策略方向

一旦策略分析完成，策略方向便可設定。有四個常見的工具，經常被用來闡明和證明這個方向：(1)使命陳述；(2)願景陳述；(3)組織目標；(4)表現評估。

組織的任務與使命

使命陳述定義組織的目標。當它似乎陌生或奇怪時，就必須用文字記錄下來，這種陳述很重要，因為降低了策略混亂的風險。舉例來說，運動組織的目標對於運動員、會員、觀眾、職員、教練、媒體、贊助者和政府代表都有不同的解釋，這是常見的事。使命陳述應該定義為何組織設立？提供的產品和服務為何？提供給誰？當刪減成為單一的陳述，這個使命就是目標和責任的有利陳述。通常它不會超過文章的一小段。

組織願景陳述

不須贅言，設定策略方向後面的想法，是需要有遠見的人：去研究未來並由清晰的內在形象去架構組織未來像什麼？運用這種思考方式意謂著在分析與尋找人們提供機會的時期，解釋資訊的蒐集。這種思考方式的極致便是願景陳述。這個陳述聲明了組織追求長遠目標的手段和工具。這個陳述表達了未來組織內三到五年目標的達成，正常來說不會超過一句。

組織的目標設定

願景陳述是反應了組織追求長期目標的工具，組織目標便是用此標示其未來。目標反應了藉由分析願景達成績效。舉例來說，如果俱樂部位於冠軍盃階層的底部，他們的願景可能會希望達到前三位。然而，在單一時期便要達到願景是不切實際的，所以目標設定表明在下個時期運用三種工具改善追求的目標。這些發展，將向前趨近多元的願景。目標在組織的每個主要操作區域常態性的設定，就像運動比賽表現，年輕的部門、財務、場館、行銷和人力資源。然而，目標的可預測性是不可缺少的。

績效測量

關鍵表現指標（KPIs）使用在集中組織的所有目標，目的在於建立成功或失敗。因此KPIs和目標應該同時建立而不能分開。任何時刻表現評估的運用，都要小心去確保使用具體的方法來測量。舉例來說，組織改善大眾形象的行銷目的是沒有意義的，除非它伴隨可計量的事件一起發生。值得注意的是測量並無針對專門地產出像書籍和獎品等級。他們習慣於有效率的測量，用最少的力量做同樣的事，或做更多同樣有效率的事。

個案 5.3　2002 至 2005 年澳洲運動委員會的策略計畫

澳洲運動委員會ASC為了澳洲體育菁英分子養成與運動參與的增加，經營調度所有的資源。ASC 建立一個直到 2005 年的計畫，詳述了所有的策略目的。計畫的其中一部分產生下面的觀點，並讓讀者了解成功的大型運動組織如何記錄其策略方向。這個計畫和其他有用的計畫案例可以在下列網址找到：

http：//www.ausport.gov.au/publications/ascstrat.asp.

我們的任務：

讓所有澳洲人透過運動豐富他們的生活。

我們的願景：

繼續在建立高表現和社會運動上維持世界領導者的位置。

我們的投資者：

- 澳洲運動委員會。
- 我們的人民。
- 職員和承包廠商。
- AIS 學術獎得主，他們的家人和教練。
- 政府。
- 政府官員。
- 國家、州和當地政府。
- 其他國家政府辦事機構。
- 運動部門。

- 國家運動組織。
- 運動俱樂部和協會。
- 所有年齡和能力階層的運動員和運動參與者。
- 教練、管理者和自願投資人。
- 公務員和裁判。
- 運動產業。
- 媒體。
- 澳洲和國際運動法人團體。
- 澳洲運動推展協助基金。

我們的目標：

我們透過下面關鍵目標的追尋來達成使命：

1. 確保一個有效率的國家運動系統，他可以提供改善澳洲人高品質活動的參與率。
2. 確保澳洲人在運動表現上的優異水準。

目標1：

一個提供可改善澳洲人高品質體育活動參與的高效率國家運動系統。

討論的結果範圍：

1. 所有市郊區基本民眾的運動參與，尤其是年輕人、澳洲原住民和殘障人士。
2. 增加運動參與率，尤其是農村和區域的社會。
3. 增加會員人數並常光顧地方俱樂部。
4. 透過國家運動組織提供最好的練習管理和運動內部管理。
5. 增加公平比賽價值的採用、自我提升和達成。
6. 運動部門內部人員的招募、保留、派遣和任命。
7. 改善 ASC 和國家運動組織內部經濟效益和商業回饋。

策略：

1. 透過積極的澳洲夥伴合作，建立和執行目標行動，這鼓勵國家運動組織去擴展會員數，商業潛能和一般民眾俱樂部與協會的持續性。
2. 透過積極的澳洲夥伴合作，提供所有澳洲人尤其是年輕人、當地居民、女性和殘障人士更有效率的運動參與通路。
3. 運用提供優質領導人才、資金、援助、顧問諮詢服務、資訊、教育和訓練，

以及促進績效提升的工具來鼓勵促進最佳澳洲國家組織訓練管理。

4. 繼續建立教育與經由鑑定的方案以支持國家運動組織下管理者、教練、辦事員、義工的補充與留任。

5. 讓國家運動組織接受公平競賽的價值，並運用可執行的方案和指南去確保每位參與者獲得高品質的運動經驗。

6. 培養領導風格和建立進取的典範去增加非政府基金機會的資源。

7. 選擇部分的國家運動組織，澳洲運動協會和其場館鼓勵舉辦高水準的商業活動。

策略三：策略規劃

策略分析揭示了運動組織和未來策略方向計畫兩者的競爭方向。下一個問題便是如何達到目標。在策略管理方法的規劃時期，運動產業經理人和他或她的團隊必須承擔組織定位在競爭環境中的風險。這需要創造力和情勢思考兩者相結合。換句話說，他們必須考慮每個有潛力策略方法的意涵。然而為了解決問題，運動經理人從策略定位觀點中獲得有限的策略。這些則統稱為總體競爭策略。

總體競爭策略

波特宣稱在任何組織裡都有 3 個基本和整體的策略可以應用，這 3 個策略和其產業、產品和服務、環境情況和資源都無關。整體競爭策略回答了大部分運動經理人策略選擇的基礎問題：什麼是我們競爭優勢的資源？換個角度來說，每個運動組織都必須在市場上找到它的定位。這個挑戰便是要在及時與有利的條件下找到定位。因此，有些運動組織試圖將對手隔離在競爭市場外，因為他們可以提供更便宜的產品和服務，因此讓對手無法複製其優秀的產品和服務，有些組織則企圖成為市場上唯一的供應商並獲取顧客忠誠度的利基。這 3 個策略定位描述如下：

① **成本領導**：當一個可以用最低價格提供最多客戶的產品或服務供應商。這個策略方法的邏輯是利用大量的市場占有率創造比對手更多的銷售以達到更大的利潤。整體競爭策略不可或缺的是確保成本最

小化的效率和能力。這個方式對於一般消費商品，如洗髮精是相同地，但對於運動產品便有些不同。然而，有些運動設備和服飾製造商用最底價提供市場產品，便是期望能比其他價格更高的對手賣更多的產品。同樣地，其他休閒場所也試圖運用較低的價格吸引顧客。

⑪ **區隔**：提供競爭對手極難複製的差異化產品和服務。這個策略方法的邏輯是建構，在假設消費者會對優秀產品和服務給予較高的價值。這個方法典型的理論支援來自於企圖建立一個強勢的品牌形象，包含規律性的創新和特徵，也反應了顧客導向的服務。很多運動組織因為產品本身的因素幾乎無法履行其策略定位。舉例來說，一個網球俱樂部至少要比對其他運動產業或休閒活動後才提出差異化產品的設定範圍。然而，當 2 間網球俱樂部在相同地區域競爭，對於任何一間來說，設定新的策略定位是必須的。其中的一個選擇便是進一步細分它的服務，也許提供些產品或托兒所服務及健身房等創新方式針對競爭者設立條件性障礙。

⑪ **聚焦**：為了掌握市場占有率而提供一系列的產品和服務以創造市場利基。策略方法的邏輯性指引是避免跟大型且具有優勢的組織競爭，先在總體市場中取得部分市場的優勢以建立組織早期進入市場的成功。為了確保策略方法的成功，必須謹慎選擇進入的市場區塊，並且在提供產品和服務時要適時地考慮到是否滿足到消費者的獨特需求。許多運動組織都適合這個方法。例如，運動設備專家和非主流的運動俱樂部和協會，就像攀岩和桌球。

　　定位的關鍵便是要在策略管理過程分析和方向時期兩者的報告書中選擇其一。依據對策略的理解，運動經理人通常會在混亂的市場中找到組織的定位。部分的選擇取決於運動組織要執行什麼樣優於對手的競爭優勢（像維持低成本或履行優質客戶服務的承諾）。另一部分是在環境中尋找值得研究的機會。當這些考量的因素是與策略方向相符合的，策略規劃便因此而生。值得牢記的是陷入諸多策略的選擇中是最壞的狀況，但如果有效率地處理，策

略選擇的集合可以帶來競爭優勢。

策略四：策略的完成

策略執行重新提出了組織競爭策略選擇的導入。舉例來說，如果區隔策略已經選擇了，在執行時期就必須考慮到組織的產品、服務和活動如何產生。在策略決策層次和執行層次間有一個重要的區隔必須執行。回歸到軍事上的比擬，策略包含了整個軍隊如何調度。在執行層面上，戰略決策和操作決策是同時制定的。他們就像每個軍隊執行什麼選擇和每個分隊與一排軍隊各自執行選擇。

通常多元化的目標反應出軍隊的目標，但相同的目標便是在戰役中取得最終的勝利。一個策略的完成涉及到策略的運用以達到組織目標，在行動之前就必須把風險轉移。這意味著每一個主要區域或組織部門的代表必須致力於總體決策的制定。舉例來說，一個俱樂部的目標包含戶外競賽表現，通常建設方案的領導者將扮演規劃的角色。同樣地，財務表現的目標集合將需要行銷職員專注於對贊助者負起贊助效益的責任。因此，策略執行的步驟需要散佈在整個組織。舉例來說，包含資深部門、社區聯繫部門、教練團隊、場館、管理、行銷、財務和人力資源。在這個區域的每一個計畫都需要被建立，以闡明支持整體策略的戰術和操作層面一系列活動的執行。就如同目標設定一樣，每一個活動都需要某種形式的評估。通常執行的步驟也需要資源配置、組織架構、傳送產品和服務的系統、組織文化和領導風格等構面的變更。策略執行的區塊將會在後來的章節做更深入的闡述。

策略五：策略評估

策略管理中最困難的地方之一就是控制或評估的執行。在運動領域有許多議題會令這個過程變得更複雜，其中最明顯的戶外競賽表現，它引領的潮流覆蓋了其他策略的成分。第 11 章績效管理將會更詳細地討論這個重要的議題。

策略評估階段需要兩個策略有關的構面來做評估。首先，**KPIs** 需要集合

每一個組織目標去對照實際的情況，第二，執行活動的成功需要再三確認。

 ## 總結

　　本章是關於策略管理的過程。這個過程的理論基礎來自於機會的被發現有賴於分析而非運氣。因此，我們所討論的策略管理是運動組織成功的核心價值。

　　策略管理程序的五個階段已經被定義。第一個階段是策略分析，它需要評估組織內部能力和外在環境條件。第二個階段是策略方向，其設定了組織的願景和目標。第三個階段是策略規劃，在此組織要做最後的策略定位決策。第四個階段是策略執行，也就是在組織內全面推動執行計畫。最後一個階段是策略評估，包含了過程中所有的控制和測量，所以績效會獲得提升。

　　運動組織的策略管理需要準備措施、研究和分析、創造力、關鍵性思維和做決策。它需要組織化和革新化的極致平衡。本章著重在系統面，但簡潔地表達出策略管理需要的理論和技術。

複 習 題

1.　為何策略管理在混亂的運動世界中顯得十分重要？

2.　支持策略管理的基礎理論為何？

3.　幫策略管理的 5 個步驟命名。

4.　在何種情況下策略管理在運動組織比其他公司棘手？

5.　在 SWOT 分析與競爭者分析之間有何關係？

6.　投資者如何影響策略方向的設定？

7.　解釋聚焦策略和差異化策略有何不同？

8.　KPIs 和策略評估間有何關係？

9.　選擇一個在網站上有策略計畫的運動組織，練習引導這個計畫的分析，並運用本章所教授策略管理的 5 個步驟理論，試著提出評論。

10.　選擇一個你熟悉但不具備策略規劃的運動組織。根據你所學，在策略管理的 5 個步驟標題下提出評論來闡明你形成一個規劃的方法。

進 階 讀 物

Chappelet, J. L. (2005). *Strategic and Performance Management of Olympic Sport Organizations.* Human Kinetics Publishers Inc., Champaign, Illinois, US.

Kaplan, R. S. & Norton, D. P. (2001). *The Strategy-focused organization.* Harvard Business School Press.

Porter, M. (1985). *Competitive Strategy: Creating and Sustaining Superior Performance.* Simon & Schuster, New York.

Whittington, R. (2001). *What is Strategy and Does it Matter?* London: Routledge.

相 關 網 站

若需更詳細有關策略管理的資訊，可參考下列網站：

- For sport planning at Sport England:
  http://www.sportengland.org/index/get_resources/resource_ps.htm.
- For "Game plan:A strategy for delivering government's sport andPhysical activity objectives"
  http://www.sportdevelopment.org.uk/html/gameplan.html.
- For Sport Canada: http://www.pch.gc.ca/progs/sc/index_e.cfm

第六章

組織架構

本章概要

- · 概要
- · 什麼是組織架構？
- · 組織架構的要素
- · 組織架構形式
- · 什麼因素會影響一個運動組織架構？

- · 運動經理人的挑戰
- · 總結
- · 複習題
- · 進階讀物
- · 相關網站

 概要

　　組織架構的研究產生了大量解釋其細節的教科書，它包括了對績效的影響、影響員工行為的架構和設計理論和改變組織架構關係的誘因等。本章企圖去凸顯出運動組織架構特殊的構面，而非複製現有的資料。因此，本章回顧組織架構重要的觀念，提供了運動組織如何架構其獨特特徵的實例，和總結運動組織架構重要的研究調查結果。本章也提供了管理組織範圍內社區、州、國家和專業運動組織的理論摘要。

　　讀完本章，讀者應該能夠：

　　　◎　描述組織架構的重要範圍；

> 了解運動組織架構的重要特徵；
>
> 了解可以運用在運動組織上不同模式的組織架構；
>
> 定義影響運動組織架構的因素；
>
> 了解執行運動組織架構事務的經理人和自願者所面對的一些挑戰。

什麼是組織架構？

　　組織架構是概述組織內部工作權責劃分，分組團隊和工作調動的架構（Robbins et al., 2004），每個運動組織都有概述個人和團體執行任務的架構。當組織要促進革新與創造力，就必須找到形式化需求程序的正確架構。運用正確的組織架構可以確保適當的員工行為控制，而不需要過度干預員工行為與工作態度，而且當組織試圖減少管理階層不必要的支出時，組織架構可以簡化報告及溝通的方式。

　　組織架構非常重要，因為它定義了在工作任務中員工彼此之間的輪調方向，決策訂立的程序、合作的需求性、責任與報告途徑的層次。換句話說，組織架構提供了組織內部如何定位的地圖，也關係到個人與團隊執行何種工作任務。

組織架構的要素

　　設計任何的組織架構，經理人需要考慮6個要素：工作專業化、部門化、指揮鏈、控制幅度、集中化和形式化（Robbins et al., 2004）。

工作專業化

　　人們所扮演的角色賦予其對有限工作執掌的詳細說明，稱之為工作專業化。這個觀念可以簡單地被運用在組織上，就像運動產品的製造，或有處理大量資源的需求，就如同在大量運動事件活動上資訊的平均分配。打破例行

慣例任務的優勢，便是提升員工的生產力和減少低技術勞力的成本。這項優勢必須平衡對抗員工在工作任務上過度無趣或壓力的風險，否則可能會導致意外事件、低落的工作品質、低生產力、曠職和高員工流動率。

　　大部分的運動組織員工都不多，並且員工通常都必須處理面對超過一天、一個星期、甚至一年的多樣性工作任務，在這些案例中，組織架構會需要較低層次的工作專精化。最明顯的例子就是官方或地方性運動組織的運動推展部高級官員，他們所扮演的角色或許包含了新進運動員的技術診斷、教練的教育訓練課程設計、非正式員工的資料庫處理，或組織贊助者與基金募集專案的催生。這些角色需要極大差異化的技巧設定，並且組織架構也能從低階的工作專業化產生綜合效果。

部門化

　　部門化便是將數位個人聚集成為一個團隊，因此一般或關聯性的工作任務便可以協調達成。事實上，職員被分派到不同的部門，目的便是達成組織目標。組織的部門分類是基於其功能性、產品或服務、管理流程、區域性或消費者型態。

　　最簡單的部門分類形式是依照員工的工作內容，分派員工到不同的部門。舉例來說，一個官方或地方性的運動組織會根據運動員的養成、競賽管理、特殊事件或公司事務的建立去組織他們的員工團隊，並且每一個部門都有其特定、明確的執行功能。

　　製造板球器材的運動組織會根據產品線來分組歸類員工，他們減少搬運製造、板球服飾的銷售和服務、板球球棒和訓練輔助的人員歸類數目。在這個案例中，每一個部門內的行銷功能、人力資源管理、財務管理和生產流程都會被複製。這些標準也能被運用在以服務為導向的運動組織。舉例來說，運動經紀公司可以提供依據財務計畫設計的級別服務、事業發展、生活技能和公共關係訓練。因此每個部門將擁有管理各自的行銷、人力資源和財務管理系統。

　　運動組織也能根據基礎市場地理位置設計部門。舉例來說，運動法律公

司的營運也許會將主要城市的辦公室或區域劃分成幾個部門。每個辦公室或區域都在其指定的地理區域負擔營運的責任。最後，運動組織可以根據多樣性的消費者型態來安排其部門。這個方法被運用在組織上，就像那些支持個人競技或團體運動的澳洲機構內的運動創立部門。

有一項重要的說明指出，組織也可以選擇超過一項以上的準則去劃分部門，並且這些選擇的依據是組織規模、功能與經營上的需求。

指揮鏈

指揮鏈是一系列的報告，它存在於組織內較高與較低的層次間。本質上指揮鏈是表示職權的線，它連接了組織內部每一個職位直到執行長。

指揮鏈包含建立組織內部每個職務清楚權力和責任的概念。權威指的是組織內經理必須對其他成員下的命令，並期待命令可以達成的權力。如果經理位於組織的某一個階層擁有完成任務的權力，他們也會有相對應的責任。職工也是團隊的一員，也有責任明白命令的一致性。當 2 個或更多的經理人同時有不同的需求時，老闆要避免員工去處理有潛在風險的工作，如此才可以幫助澄清正確的策略建立。

Robbins 等人（2004）提出指揮鏈的基礎原則，在今日已無多大意義，因為資訊科技使用率的增加，導致組織內所有階層的大部分員工彼此溝通更方便，而且產生了高階經理人對於資訊的接收，事前受到了限制。然而，運動組織的經理人在設計組織架構時應該事先認知基本的指揮鏈原理。

控制幅度

控制幅度指的是，任何經理人可以有效直接管理的員工人數。經理人可以有效控制的精確員工人數取決於具有專業技術或經驗的員工水準，這個邏輯便是資深有基礎的員工不需要太多的監督。工作的複雜程度、員工的職位、職務上的報告機制、工作標準化的水準、經理人的風格和組織文化也可以扮演一個角色協助組織的經理去決定什麼是最佳的控制幅度。任何具有彈性的組織都需要控制幅度來決定管理階層的數量。

控制的幅度越廣泛，越多的員工可以被一個經理所管理，這導致了較低的管理成本。然而，這種有效的降低成本方式，便產生了經理人必須投入更多個人的時間去跟大量的員工聯繫與溝通。

在過去十年組織介紹的趨勢，為更廣泛的控制幅度和緊接而來的平坦化組織架構。提供更多的員工教育訓練，保證建立堅強的工作文化和協助員工在其工作上自我成長滿足等都是同時發生的。

集中化

集中化指的是組織高層做決策的層級。當組織內大部分的決策由資深經理人決定，而部分意見出自於低階員工，便代表組織抱持高集中化的作法。當低階經理授權員工做決定時，組織是分權的。Robbins et al.（2004）提出一個重要的觀念，也就是集中化與分權相對應的原則，而且組織絕對不會排斥別的團體。組織內所有的決策如果都交由高階經理人團隊或全部委任給較低層級的幕僚，那組織便不會有產值和效能。營利的運動組織因為受到傳統組織架構的影響，而傾向集權化勝過分權的模式。決策訂定通常集中在委員會階層，自願義工代表營運階層中有償員工下十分重要的策略性運用。這會導致決策緩慢等問題（見第 10 章）。另一方面，非營利運動組織的本質，便是經常性的建立不同的團體、展開更廣泛的地理區域、需要地方層級的決策去建立俱樂部、事件和有效率的運動競賽。

形式化

形式化指的是把一定範圍的工作標準化並劃分成幾個等級，且運用這些規則和程序去引導員工的行為。這些規則和程序包含了新進員工的任用、訓練，如何完成工作的整體策略、例行工作流程和提供工作執掌的細節。組織的形式化有助於增加經理人對員工的控制和員工做決策時的判斷力。一個就像地方俱樂部的組織，對於完成任務有許多程序和規則，但是專業運動聯盟的管理核心便有一套關於如何報告案例、執行方面的細微規則和政策。

維多利亞無擋板籃球便運用了典型的非營利運動組織架構。反應在其組

織架構上是工作專精化、部門分類、指揮鏈、控制幅度、集權、分權與形式
化等核心概念。

個案 6.1　維多利亞無擋板籃球組織

　　維多利亞是澳洲的主要城市之一，維多利亞無擋板籃球組織（NV）是負責管理
和推展整個州的無擋板籃球運動國家運動組織。無擋板籃球是全澳洲最大的女性參
與運動，在維多利亞有超過 110,000 名已登記為女性的無擋板籃球參與者。NV 提供
了一系列的專案和服務給無擋板籃球運動的選手、教練、裁判、管理者、協會和俱
樂部，其目的在於增加和提升運動參與的經驗，NV 推動了非常多的方案，包括了
資格鑑定準則、吸引人的講座和研討會以推廣培育運動員、教練、裁判、管理等人
才。除了促進運動參與的機會外，NV 也擁有 2 個維多利亞代表隊的執照：Melbourne
Phoenix 和 Melbourne Kestrels，他們彼此在國家大聯盟內競爭（Commonwealth Bank
Trophy）。NV 負責球隊的管理和行銷，並且聯絡全澳洲的板球隊參與大聯盟的比
賽。NV 也常有機會主辦或提出一系列的全國和國際活動，包括了國家冠軍賽、國
際錦標賽、世界青少年盃和世界盃比賽。

　　超過 250 個以上的協會或團體參加了維多利亞無擋板籃球組織，不但提供了無
擋板籃球事件、專案和服務的通路，而且也代表了地方、國家和國際的所有相關事
宜。這些協會依地理特性被組織整編成 21 個單位之一，並且這個單位被分類為 6 個
部門的其中之一。董事會下有一個 30 個人的工作團隊和廣大的網友參與維多利亞的
專案、服務和事件。NV 建立了地方辦公室的員工組織架構，如圖 6.1 所示。劃分組
織架構是基於行銷、發展、協會服務、高級執行和財務等關鍵功能性部門。每一個
部門指派一個經理，意指執行長下面有 5 個部門主管。每個主管下面有 2 至 4 個職
員。組織允許任命個人去執行特殊的工作任務，並且在組織低階與執行長間建立清
楚的指揮鏈。NV 的組織層級區隔方式不是集中化便是形式化，你可以在 www.net-
ballvic.com.au 得到 NV 的所有訊息。

🏀 組織架構形式

　　運動組織採納的架構形式可以分為 4 種常見的模式，即：簡單架構、官

僚架構、基礎架構和團體架構（Robbins et al., 2004）。以下讓我們簡短地並中肯的檢視這幾種組織架構（如圖 6.2～6.5）。

　　簡單架構具有較低的部門分類和形式化，以及較小的控制幅度，而且決策權力集中在少數人手中。這種架構通常被採用在小型的運動商品零售店，大約有 10 個正職和兼職的員工和一個老闆或經理。這些零售店不需要任何部門，由老闆或經理執行大部分的決策和管理任務，其他的員工幾乎全部配置在銷售的崗位。他們設定簡單的公司章程來執行大部分的工作程序，並且所有的員工直接向老闆或經理負責。這個例子的優勢平淡無奇，即是：決策決定迅速、可確保季節需求和旺季時的人力不虞匱乏，而且老闆或經理可以很清楚地知道何時是閒置時間。

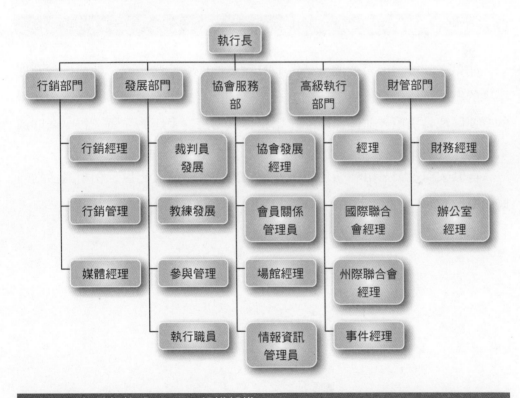

圖 6.1　無擋板籃球 victoria 組織架構

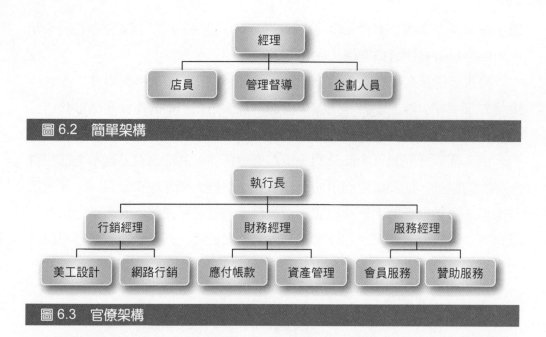

圖 6.2　簡單架構

圖 6.3　官僚架構

　　如果老闆或經理希望擴大營運並且在其他地點擴展店面，他或她就需要不同的組織架構去妥善處理不同的複合區域衍生的員工控制需求，經由較少的營運區塊做決策，並確保產品和服務提供給每一家店的品質一致。老闆或經理也許該考慮採用官僚架構。

　　官僚架構企圖運用標準化組織營運的方式，以最大化員工和組織活動的協調與控制。

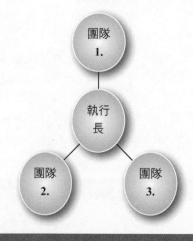

圖 6.4　團體架構

	足球經營部門	公司服務部門	行銷部門
團隊 1.	經理 1.	企劃人員 1.	職工 1.
團隊 2.	經理 2.	企劃人員 2.	職工 2.
團隊 3.	經理 3.	企劃人員 3.	職工 3.

圖 6.5　基礎架構

　　它依賴高水準的形式化，部門的功用在於分派員工到不同的工作團隊以處理特殊的功能性服務，決策的中央集權與清楚的需求鏈是其特色。某些組織就像 Sport England，澳洲運動理事會或國家與地方政府的運動部門便屬於官僚架構。很明顯地，官僚架構的特色反應在：組織規模的擴大、展店提供更多的服務或者增加活動服務的範圍等。

　　基礎組織架構反應了組織根據功能性和產品分派員工到各部門。舉例來說，優秀的運動協會也許會招募各領域的專家，就像運動心理學家、生物力學專家、技術指導教練和運動生理學家到不同的團隊。同時，在這些團體中的個人也包含了提供不同運動單位服務的功能，並有效地建立 2 個領導窗口。這種方式打破了整體的需求理論，但當有助於一些專案的財務困難或服務傳遞範圍時，組織會被允許召集一群專家，最大化的分享這些專業知識技能。這種任務安排的理由在於個別提供服務時，由專業人士組成的團隊優於個人的工作指派。當這種方式允許組織提供一系列的服務，會增加關於處理 2 個領導窗口需求產生混亂潛力，在工作輪調上也會導致增加壓力。

　　相對而言，新的組織設計選擇是團隊架構。團隊架構需要針對工作團隊下分權的決策，經由專業人事組成的團隊執行各種工作任務。一個足球俱樂部的經營應採用團隊架構的形式來處理俱樂部事件或行銷活動，它將會允許有關財務、人員配置、行銷的快速決策。

　　這些常見的架構可以被採用在任何型態的組織上，有些研究也企圖去分類存在於非營利運動組織內部的各類型架構。Kikulis et al.（1989）根據特殊化、標準化和集權化的組織規範，針對加拿大地方性的業餘運動組織建立了一套組織架構的分類方法。加拿大的運動組織，在 1980 年代因為學者精確的

研究推廣，而形成更廣泛的專業與官僚化組織發展。Kikulis et al.（1989）定義了 8 個自發性運動組織的架構設計，也排列了 3 個架構規模的複雜等級。Theodoraki 和 Henry（1994）在類似的研究中也定義了英國運動管理法人團體的架構類型學。他們大量使用特殊化、標準化和分權的架構成分去建立各式不同的架構設計。

定義國家級運動組織的架構型態設計可以依靠 Kikulis 的研究，他使用組織價值和組織架構規模來確定項目表、會議室和行政辦公室 3 種區別的設計。每一種設計都再提出包含有關個人或公眾利益方向的組織價值組合、不同活動領域的經營（針對高級執行效果的績效排列）、事業上財務決策的等級和評定績效的準則。

現在我們已經探討了組織架構的成本和其使用的各種方法，我們也該進一步去檢視影響運動組織採用組織架構的原因。

🏀 什麼因素會影響一個運動組織架構？

通常來說，有四個因素會影響組織架構：策略、規模、技術和環境的不確定性。每個因素在後面我們做一個簡短的探討。

策略

在完美的世界中，組織架構的設計純粹是滿足組織策略的目標機會需求最大化。事實上並非如此，但策略的另一個重要部分便是決定運動組織採用何種架構。不管組織是從事全面的策略革新、成本的最小化控制，或是具體組織架構設計的模擬。

在全世界運動體系中大部分的俱樂部，有一個值得注意的重大趨勢，也就是專業經理人的引進和精準策略對於運動基金增加的影響。Thibault 這位學者在 1991 年研究了這些策略對於 Canadian 地方性 VSOs 在架構上的影響。他們發現在專業經理人引進後，專業化和形式化的程度增加了，分權化的情況在起初增加了，而後實際上減少了。最好的建議是分權結構的增加，因為自組委員會成員企圖保持更多決策的控制權，接下來要減少委員會內緊張的關

係和員工的穩定。Kikulis 在 1995 年便注意到了架構改變的阻力，他研究了專業化的變革和 Canadian 的標準化、集權化已經超過 4 年。他們發現現職的義工反抗遍及在組織架構中的成分，讓人力仲介商的角色突出，並且個人的選擇也可以決定組織變革的結果。

規模

組織的規模對於決定運用在最佳的架構上占有十分重要的地位。大型的組織更傾向形式化，比其他類似的組織擁有更多的專業經理人與管理部門層級。可以理解的，經理人需要卓越的控制測量手段來管理，在大型組織中大量需要溝通的資訊。Amis 和 Slack 在 1996 年陳述說明，在組織規模和集權等級間關係的許多研究中建議，當組織變得越大，決策也會變得更分散（p. 83）。在非營利運動組織時期，組織也不斷追求規模的擴大，自組委員會維持大部分的決策權，並且 Amis 和 Slack 推論決策的核心角色意味著自組委員會的核心慾望，另一方面也說明了許多運動組織不願意將權力交給專業經理人。

技術

專業技術影響到組織架構。Robbins 在 2004 年論述出如果組織在日常工作任務的執行上占有優勢後，他們會有較高等級的部門化，和較高等級的決策權。這似乎是符合邏輯的，事實上非例行性任務也需要組織的高層下決策。關於像專業運動俱樂部一樣的運動組織，資訊運用程度的增加和溝通技巧似乎需要額外的專業人士，例如：影像技術人員、客服和網路資訊專案人員，不像人力勞工那樣容易被取代。在人力資源中，最終的影響力在於較高層級的部門化和專業化。

環境

來自於環境的不確定因素，例如：供應商活動、服務提供商、消費者、贊助者、運動員、自願支持者、員工、投資董事會、政府管理機構、總體經

濟變動或市場因素都會影響到運動組織。舉例來說，如果專業的運動團隊行為脫序，他們的行為會影響到俱樂部、團隊維持或建立贊助者關係的能力，換個角度也會影響到人才的保留，因此組織架構便需要調整。同樣地，經濟的衰退也會直接影響到運動產品的銷售，相對的組織也必須調整組織架構以減少產品線的消耗與變動。

香港運動有限機構的案例反應了策略、規模、技術和環境不確定等四個因素如何影響到運動組織的架構。

個案 6.2　香港運動有限機構（Hong Kong Sports Institute Limited）

香港運動有限機構（HKSI）在 2004 年 10 月 1 日創立，其前身，也就是香港運動開發協會已正式解散。HKSI 扮演相同的組織角色，就像澳洲運動組織或英國運動組織等訓練和推廣菁英運動員的管理機構。HKSI 的目標在於提供香港菁英運動員一個環境，並透過教練培訓、運動科學、管理和教育等方式來促進菁英運動的發展以達到國際規模。

圖 6.6　香港運動機構架構

HKSI 將它的服務劃分為兩個運動種類：個人競技的菁英運動或在國際體壇上具有獲勝機會的團隊，並且針對已證明有發展潛力的運動項目，培育出在國際上有顯著成績的運動員。每 4 年一期，菁英運動由 HKSI 得到固定的贊助基金，這些菁英運動包括了各式競技活動，如：羽毛球、自行車、劍擊、划船、迴力球、游泳、桌球、網球、保齡球、弓箭、鐵人三項和風帆衝浪運動。這個基金擴大去任命世界級的教練職工、開發活動場所通路、當地和海外的訓練與比賽舉辦以及全方位的技術支援。屬於目標發展運動中的個人運動員接受了基金的支援，進一步去實現在國

際體壇成功的期望。HKSI 也提供了殘障運動員在競賽場所、訓練、教練和資金方面的援助。

　　HKSI 是屬於政府的企業，由香港運動產業董事會推選 13 個著名的重量級人物組成經營團隊。董事會下面有 5 個委員會，包括了菁英運動員業務、財務委員會、營運和計畫、行銷與贊助活動和募款事務。對於有給職員工的管理架構如後面所述。員工劃分為運動與科學服務、訓練、教練養成、公司服務和行銷五個部門。

　　在一定的期限中，有四個因素影響到組織架構，最明顯的是策略。HKSI 有一個清楚明確的政策去服務與訓練優秀運動員，並且提升香港菁英運動員的形象。相對地，組織架構也反應了額外重要公司業務部門的核心能力，它提供了經常性人力資源管理、財務、資訊科技和管理的支援以促進核心服務的傳遞。菁英運動員的增加並非絕對必要，但卻導致了組織架構的改變，相對地每個部門的擴大也滿足了增加的服務需求。同樣地，HKSI 妥善配置不同的資訊技術部門和運動科學團隊去改善提升運動技巧。身為國營企業，他的組織架構決定於政府命令，並且提供運動產業中不同團體的服務，它也不可能過度地受到環境不確定性的影響。組織架構改變的趨勢來自於任何策略上有意義的方法手段或顧客意見，就像提升整個社區運動參與的提議，也需要組織架構的再設計。

資料來源：香港有限運動機構的網址：http://www.hksi.org.hk

　　有些改變運動組織架構的額外誘因是值得注意的。這些包含了不佳的競賽表現、因政策因素導致的人事變動、競爭和市場力量、政府政策的巨變和外力迫使的合併。職業運動團隊或俱樂部的不良競賽成績可能導致運動員和教練季節性人事撤換的結果，並且必須承擔如何組織教練、運動員或有關健康服務員工團隊的責任。有些運動組織的行政特色是挑選特定的個人管理其營運，也可能因為個人選擇主管的偏好或政令的改變而導致執行上架構的變動。競爭與市場的力量影響所有的組織，但俱樂部之間在聯盟內營運上互相依賴的特性或競爭，迫使他們必須資源分享。結果，這些組織傾向於類似的架構方式，並且產生不同的架構變更調整。政府也改變尋找優質專案的方法、國際團隊或個體表現。支援的關係基金層次不佳的國際運動成績表現，必然會降低援助的金額，並且依賴組織自身的能力去維持組織架構。最終組織不

是因為經濟因素（如鄉村人口減少迫使俱樂部合併），就是政府政策（如迫使單一性別俱樂部合併）形成架構上的變動。

🏀 運動經理人的挑戰

運動經理人持續要面臨的挑戰便是在用最少的成本聘用合適的員工和增加生產力兩者間取得平衡。這個平衡可以透過溝通技巧、資料管理和分析、技職人員任用技巧、經營決策迅速的半自動工作團隊來達成。這需要靈活的組織架構運用才能勝過今日大多數的運動組織。

運動經理人更深一層的挑戰便是保持適當的控制與說明，以確保他們的組織靈活度足以迅速地反應來自市場的機會與投資人的需求。運動經理將需要建立清晰的決策制定方針和不至於過度限制靈活性的形式化標準作業程序，來修正所有的流程。

在管理運動組織架構方面，相較而言有專業經理人和義工的偏好特性，通常經理人指揮義工去工作。運動經理人將需要去認知，在這 2 種工作勞力之間維持親密的關係，並且在有效率的溝通與達成組織目標的前提下維持合適的架構。

運動經理需要去確保組織的策略是能被了解的。如果策略規劃已經設計、新的市場也定義或新的產品和服務供應已經建立，但組織架構沒有適當地調整，那麼組織的執行力便會出問題，運動經理要注意組織設計是否可以達到特殊策略的方向是十分重要的。

如同之前在運動產業內部的分會或組織，必須與來自公眾、私人和非營利的大多數組織一起營運。通常運動組織有許多的投資人參與策略方向的設定。組織架構應該促進決策制定的流程以吸引適合的投資人。最後，在運動組織中存在相互依賴的關係，包含聯盟、眾多的協會、合資企業或有眾多夥伴和贊助者的基金，其組織架構反應了這些關係。這種關係可以擴大建立組織架構內對外聯絡的指定角色或合併來自於決策委員會的代表權。

英國籃球聯盟採用的架構，說明其企圖處理所有的挑戰。

個案 6.3　大不列顛籃球聯盟（British Basketball League）

在英國最頂尖的籃球聯盟是大不列顛籃球聯盟（BBL）。BBL 是一間擁有其俱樂部成員的獨立公司，每個成員都有其相對的股權。

每個俱樂部在 BBL 的董事會都有席次，監督 BBL 在伯明罕中心辦公室的行政管理、行銷和媒體功能等營運。BBL 在組織架構上最有趣的構面，是其下每個俱樂部成員都擁有在英國所在地社區籃球運動規劃的特許權，其目的在於創造最大的商業和媒體價值。

不同於其他運動，由這裡分出的兩個冠軍隊伍，皆企圖取代聯盟的最高位置，BBL 衍生出另外一個獨立等級的競賽，也就是英格蘭籃球聯盟（EBL）。在 BBL 和 EBL 間，沒有任何推廣和從屬關係，並且 EBL 的成員不能參加 BBL，原因來自於他們單獨的官方競賽成績。然而，EBL 成員和任何其他組織可以由 BBL 得到活動參與權。

BBL 的組織架構或經營系統運作，來自於與其他英國團體比較後的營運成本控管。這個架構企圖提供財務的預警和風險規避方式保護投資人，所以形成認同感。在 BBL 俱樂部中，薪資和收入的分配政策也促進競爭平衡與財務管理。

因為政府提倡籃球的基金流進 EBL，所以 BBL 沒有得到政府財務上的支援。反而是 BBL 由贊助商、媒體夥伴、推銷規劃與門票銷售獲取收入。由此可知，聯盟和俱樂部的大部分收入來自於商業上與媒體的特許權。

（值得注意的是，在一個國家成立一個可行的職籃聯盟受限於足球、英式橄欖球等運動。）BBL 的每一位董事所面臨的挑戰來自於贊助金額的競爭、活動場地取得的通路、媒體轉播權的取得，在飽和的職業運動市場維持市場占有率，且妥善地管理其會員俱樂部。BBL 的組織架構採用美式授權系統，試圖對抗所有的挑戰。這個架構支持聯盟和俱樂部計畫未來的組織擴展，透過組織的所有環節掌控收入與成本，並且在成員中表明公平的決策。

資料來源：大不列顛籃球聯盟的網址：http://www.bbl.org.uk

 總結

組織架構的骨架被定義為勾勒內部任務如何劃分界定、組織和配合調整。組織架構非常重要，因為它定義職員和義工在執行工作期間彼此互相協調、決策制定的流程、責任的層級和報告的途徑。

組織架構的六個重要元素如下：工作專業化、部門化、指揮鏈、控制幅度、集權和形式化。另外組織如何使用這六個要素去設計合適的架構，有四個基本的模式如下：簡單架構、官僚架構、基礎架構和團隊架構。

影響組織架構的偶發性因素如下：規模、策略、技術和環境的不確定性，就如同其他特別改變運動組織架構的驅力一樣。最後，提出運動經理在處理架構上所必須面對的挑戰。運動經理應該認知到改變架構驅力的因素，並且體會到特殊的架構因素會影響到改善組織的成本和績效。

複習題

1.　用你的語言定義組織架構。

2.　如果你要操作 6 個架構因素中的任何一個，哪一個是你覺得會日復一日影響到組織的執行長？

3.　為何員工在微型運動組織中有較低的工作專精化？

4.　哪一種架構模式適合像 Commonwealth 或奧林匹克活動這種大型運動事件？為什麼？

5.　組織規模的改變，如何影響到運動組織的架構？

6.　比較運動製造業和其他地方性社區運動場館的組織架構，在組織架構中的每一個要素有何不同？哪些是類似的？

7.　解釋外在環境的不確定因子，如何去改變運動組織的架構？

8.　採訪中型規模運動組織的執行長，什麼是他在管理組織架構時所面臨最大的挑戰？

進 階 讀 物

Amis, J. & Slack, T. (1996). The size-structure relationship in voluntary sport Organizations. *Journal of Sport Management*, 10, 76-86.

Frisby, W. (1986). The Organizational structure and effectiveness of voluntary organizations: The case of Canadian national sport governing bodies. *Journal of Park and Recreation Administration*, 4, 61-74.

Kikulis, L. M., Slack, T. & Hinings, B. (1992). Institutionally specific design archetypes: A framework for understanding change in national sport organizations. *International Review for the Sociology of sport*, 27, 343-367.

Kikulis, L.M., Slack, T. & Hinings, B. (1995). Toward an understanding of the role of agency and choice in the changing structure of Canada.s national sport organizations. *Journal of Sport Management*, 9,135-152.

Kikulis, L. M., Slack, T., Hinings, B. & Zimmermann, A. (1989). A structural taxonomy of amateur sport organizations. *Journal of Sport Management*, 3, 129-150.

Theodoraki, E. I. & Henry, I. P. (1994). Organizational structures and contexts in British national governing bodies of sport. *International Review for the Sociology of Sport*, 29, 243-263.

Theodoraki, L., Slack, T. & Hinings, B. (1991). Professionalism, structures and systems: The impact of professional staff on voluntary sport organizations. *International Review for the Sociology of Sport*, 26, 83-97.

Other useful texts:

Robbins, S. P., Bergman, R., Stagg, I. & Coulter, M. (2004). Management (3rd edn). Pearson Education, Sydney: Australia.

Robbins, S. P., Millett, B., Cacioppe, R. & Waters-March, T. (2001). Organizational Behavior: Leading and managing in Australia and New Zealand (3rd edn). Pearson Education, Sydney: Australia.

相 關 網 站

若需更詳細有關運動組織架構的資訊，可參考下列網站：

- University of Calgary Scholarly sport sites web page for sport structures at http://www.ucalgary.ca/library/ssportsite/natorg.html
- Australian Sports Commission at http://www.ausport.gov.au
- Sport and Recreation New Zealand at http://www.sparc.org.nz/
- Sport Canada at http://www.pch.gc.ca/progs/sc/index_e.cfm
- Sport England at http://www.sporttengland.org
- Sport Scotland at http://www.sportscotland.org.uk

第七章
人力資源管理

本章概要

- 概要
- 什麼是人力資源管理？
- 人力資源管理在運動上
  上有特別之處嗎？
- 人力資源管理本質

- 總結
- 複習題
- 進階讀物
- 相關網站

概要

　　本章節將回顧人力資源管理的核心概念、提供體育組織人力資源管理上具有獨特特色的例子，譬如志工和給薪的人員管理，並摘要出人力資源管理過程中各主要的階段重點。本章節將檢視且說明人力資源管理在社區、各州、全國和職業的體育組織之內的核心概念和原則。

> 　說明人力資源管理在體育組織之內的關鍵概念；
> 　解釋為什麼體育組織的人力資源管理和非體育組織人力資源管理是不同的；
> 　說明人力資源管理過程中的每個階段；

⚽ 解釋人力資源管理各階段在不同的體育組織上下的實施方式。

🏀 什麼是人力資源管理？

在商業或體育組織上，人力資源管理最根本的本質有二：一、找到合適的人在正確的時間做正確的工作。二、確保合宜訓練和滿意的員工。加強有效的人力資源管理的概念不是特別複雜的。然而在一些大小不一樣的體育組織上，人力資源管理會變成一個在實踐管理上複雜的問題。同時，成功的運動聯盟、俱樂部、協會、零售商和商店全部依靠好的人力資源，不斷地投入這些好的人力資源，來達成其組織工作目標。相反地，如果組織雇用一些缺乏士氣、不適任、低工資、低評價的員工，這將會變成組織發展的阻礙。

在組織的規劃系統上，人力資源管理扮演一個核心角色。它無法從其他重要的管理工具中被區分開來，譬如：策略規劃、財政規劃或組織文化和結構管理。好的人力資源管理可以引導組織走向成功，同時它也是良好管理與計畫的成果。人力資源管理牽涉到組織永續管理及評估等過程，這都是組織策略目標的一環。因此人力資源管理是一種全人管理功能，因為它是組織「人力集中、目標指揮」的重要方法（Smith & Stewart, 1999）。

對不同的運動組織而言，根據其組織的環境及未來發展藍圖，人力資源管理可能意味著不同方式。以收益為導向的職業運動組織而言，例如，美國職業籃球（NBA）、美國職業棒球大聯盟（MBL）、美國職業曲棍球聯盟（NHL），這些組織都因為有效的人力資源管理使得組織長期性的成長與成功的獲利。當企業遇到人力資源管理問題的時候，雇用成功的員工比裁減員工來得更為重要，裁減員工策略是比較不被建議的，人力資源管理是一項企業邁向成功的工具。例如，在職業運動組織裡，球員福利和發展方案被設計以創造出符合在社會上、道德倫理上負責任的公民。這被看作是一個好的人力資源策略，這不僅因為運動員的內在價值，更因為良好的公共關係和贊助者服務而凸顯外在價值。換句話說，一個表現良好的運動員能為職業運動隊

伍創造更多的效益和成功。

　　對於非營利的運動組織而言，成功的人力資源管理並不是依據財政收入績效來衡量的，它也包含了依據組織背景脈絡而成的一系列策略和結果。例如，在地方性的運動俱樂部，可能會有青少年運動員酗酒的問題產生，因而發展出一套方案以教育球員、教練和管理員（可能是有薪雇員或是志工），藉以鼓勵創造出更負責任的俱樂部文化。實際上人力資源管理策略也牽涉到球員福利管理計畫這一部分，不適當的俱樂部文化會較難吸引和保留那些專業及對組織有承諾的志工。在職業運動組織中，球員福利管理計畫這一區塊牽涉到了形象管理與品牌信譽。在地區性的運動組織中，球員福利管理計畫可以用來保留那些因為俱樂部的粗劣行為和失能文化而離開的志工。從以上兩個例子得知，人力資源管理不僅僅是以人員為導向，同時也是以目標為導向。

人力資源管理在運動上有特別之處嗎？

　　加強人力資源管理的主要幾個核心概念被廣泛地應用於許多全球性企業大型組織，如：飲料製造商太古可口可樂公司（Coca-Cola）或是全球最大礦業公司 BHP Billiton；另外全球的體育性組織，如：非洲足球聯盟（African Rugby Football Union）、加拿大冰壺協會（Canadian Curling Association），也將人力資源管理這個概念應用於管理上。這不值得驚訝，透過人力資源管理，能使得每個員工在各自的職位上做適當的工作並達到最佳工作績效。這些員工將處理企業組織內的財務、進行規劃及生產，如：芬達汽水（Fanta）、鐵礦石（iron ore）、教練診所（coaching clinics）和全國冠軍等的產品。然而，企業與運動對人力資源管理的明顯不同致使我們必須對一般人力資源管理實務做修正。

　　實際上，各個體育組織有不同的特性，不同的特性也代表了人力資源管理上的獨特挑戰，例如，美式足球聯盟中的辛辛那提Bengals美式足球隊（Cincinnati Bengals），其員工明顯區分為三個類型。第一類型的 Bengals 美式足球隊員工，他們待在一個稱為「前線辦公室」（the front office）工作位置，

就像是業務發展經理或是聯合銷售或行銷經理。第二類型的Bengals美式足球隊員工屬於「美式足球運作部門」（football operations department），如球隊教練、訓練員或球探等。Bengals美式足球隊最後一種類型的員工為「團隊」（the team），球員就是那些在職業運動中最受矚目的人。當然也會有人認為在非運動組織的人力資源管理運作也是類似相同方式，並有不同的管理階層，這些管理階層包括主要的行政主管到工廠員工。在運動組織環境中，人力資源管理最明顯的不同在於人力金字塔的最底層那些員工，他們是整個組織領取薪資最高的一群人。關於體育組織和非體育組織之間的差異在圖 7.1 中有詳細說明。值得注意的是，運動組織中有最低薪員工，其與非體育組織中最低薪員工兩者是不一樣的，且在運動組織金字塔裡並不包含最低薪員工（然而，運動組織在這方面並不是完全地獨特的，因為有許多娛樂的形式，譬如電影或電視劇，其演員的待遇是最高的）。

在非體育組織，首席執行長（CEO）、總經理和其他高級主管常有績效獎金以及利用購股使他們能分享公司的財富與獲利。製造產品的工人（如在Fanta汽水瓶裝公司或鐵礦開採）並沒有價值數百萬元的績效與分紅。在職業運動中，那些生產者，也就是「球員」，因為他們的表現而得到績效紅利獎金。當在進行職業運動人力資源管理需求分析時，上述有關於運動的特點必須牢記在心，這樣才能使人力資源管理在運動組織上的運用更合理化。

另外，在半職業運動組織或非營利的運動組織中，另一個重要的成員是「體育志工」。在這些團體的有效管理中，體育志工及有給薪員工的分別是運動組織在人力資源管理的一大挑戰。

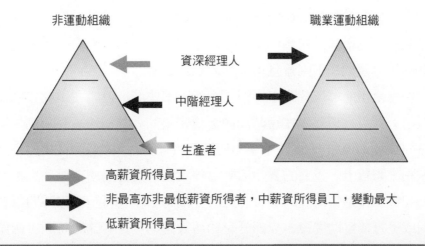

非運動組織　　　　　　　　　　　　　職業運動組織

資深經理人

中階經理人

生產者

高薪資所得員工

非最高亦非最低薪資所得者，中薪資所得員工，變動最大

低薪資所得員工

圖 7.1　職業運動和非運動組織的薪資和組織層級

　　因為運動經常在社區環境裡進行（在一個州、地區或地方層級），它必須有志工的支持以維護服務、設施和相關活動。一些國際性的體育組織，例如，先前提到的非洲足球聯盟（African Rugby Football Union）、加拿大冰壺協會（Canadian Curling Association）皆支薪給協助國際賽會的員工，那些員工的工作是負責協調並開發活動、賽會、錦標賽與國家代表隊。在這些相同層級的州或地區性的運動協會可能根據人口大小、大眾化程度與政府相關補助來經營運動事業，並付出薪水給那些負責主要管理、發展與教導位置的員工。在某些情況下，那些州或地區性的運動協會會比國際性的協會擁有更多的員工，因為其有傳遞活動、服務並對運動提供策略指導的需求。地區性的運動組織會根據活動的大小及參與人口多寡，可能會聘請一部分的給薪員工，但是在這一層級的運動，最主要的人力核心乃體育運動志工。在澳洲，估計每年體育活動的舉辦是由 150 萬個志工累積超過 1 億 5000 萬個小時，來推廣支持澳洲體育活動的發展；在英國，估計每年運動志工也貢獻超過 10 億個小時（www.sportengland.org）。

　　絕大部分運動是由全世界的運動聯盟或是協會於每週舉辦。依據氣候，這些運動分為室內和室外兩種。而這些運動可能會有季節的區分，例如，冬季運動（足球、冰上曲棍球）、夏季運動（棒球）、全年性運動（籃球）。

運動的季節性和競爭的規律性，不論是在職業或是一般社區層級，都意味著運動組織的人力需求是可預測且仍是相當穩定的。然而也有一些運動賽事與錦標賽的人力規劃是很困難且人事的變動較為劇烈。

這些賽會不僅舉辦時間不規則（例如：某些城市可能在 100 年內為奧運主辦城市）而且大型賽會在短時間內需要密集的大量工作人力（例如：每年摩納哥的 Grand Prix），這些主要年度賽會的人力呈現如圖 7-2 中的高狹峰或是最頂點。實質上，重要的賽會活動需要大量的人力協助，這些人力通常包含了為賽會工作短暫時間的體育志工或是臨時工作人員，工作時間為賽會進行期間或是直接協助賽會，少部分有給薪人力則負責其餘的時間（例如：奧林匹克運動會或世界盃錦標賽，在賽會舉辦前幾年需要一些長期的給薪人員，但大部分的人力指派在賽會結束後的六個月內結束。在一至兩個禮拜內急遽增加或減少人力是一項複雜又重要的人力資源管理問題。它需要有系統的招募、篩選和進行員工訓練計畫以吸收人力，且要有效地評估與酬賞以留住他們）。

一個擁有大量人力的大型組織，有能力與責任精通人力資源管理。通常企業會指定一個團隊或部門來負責進行人力資源管理，大部分會由一個資深的員工來領導。然而在小型及中型組織中，企業在正式的系統裡並沒有人力及財力資源投入於人力資源管理，所以在這些中型到小型的企業組織裡，人力資源管理的任務就落在最資深的員工上，例如：總經理、執行長或是兩者職位合一的角色，或者是由另一位資深的管理人來負責例如財務、市場行銷。

運動聯盟、俱樂部、協會或是場館鮮少有足夠的人員去專責人力資源管理這項事務。通常其他主要的管理角色較被重視，如：行銷管理、賽會的舉辦跟贊助商的找尋。人力資源管理則被認為是管理功能中昂貴又不重要的功能。此外，人力資源管理可能與人事管理相互混淆，人事管理包括了工資和出勤記錄（請假、病假給付等等）的機械式功能。

澳洲游泳協會一個是負責澳洲最大且最盛行的國際性協會組織。它擁有近 30 位員工，包含一位執行長及四個功能部門（運動服務、賽會活動、公司服務、財務／員工關係）。財務及員工關係部門為最小的一個部門，只有兩

個員工，經理跟助理兩人。澳洲游泳協會是一個以將人力資源管理任務和其他重要的管理任務合併的中型運動組織範例，在此例中，指的是財務部門。

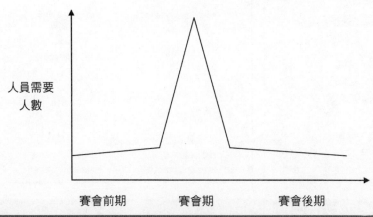

圖 7.2 運動賽會人力的最高點

 人力資源管理本質

運動組織所談的到人力資源管理主要目的是提供一個有效能、具生產力及滿意的人力。人力資源管理指的是設計、發展、實行、管理和評估系統與實務，讓雇主可用以招募、開發、獎勵、保留和評估他們的人力。圖 7.3 顯示出人力資源管理過程幾個主要的核心元素，牢記這些功能會因為運動組織的大小、組織策略取向及組織環境不同而有所改變是很重要的。

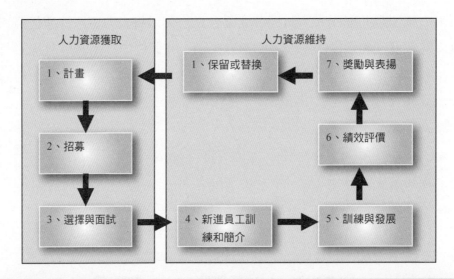

圖 7.3　傳統人力資源管理的步驟

階段 1：人力資源管理規劃（Human resource planning）

　　人力資源管理規劃根本的功能是關於評估及預測組織對於人力資源的需求，這是影響有效的人力資源管理最重要的階段（Smith & Stewart, 1999）。人力資源管理在「計畫」這些階段是短暫且相當靜態的，員工的工作型態很少變動。當組織的架構是動態時（例如：由於經濟產生的壓力或機會），人力資源規劃是不斷發展的一個循環。

　　在計畫這個階段，組織必須估計目前的人力資源需要是否能夠充分滿足未來的需求（或者只需要少一點的人力），不管人力的更替是否可以預測與滿足、不管給薪、全職、臨時雇員與志工比例是否合宜、不管每年人力的流動或是人力週期的流動是否需要達到要求或是管理、不管目前組織缺乏的特殊才能於未來是否需要。

　　當一個組織確定需要一個新的員工或給予一個新的職位時，組織在此之前必須進行工作分析以決定這項新的工作背景（主要或必要的工作任務）、工作需求（技巧、能力、資格和經驗）與工作背景（相關性、工作特性）。當組織盡可能詳細地完成工作分析後，組織就可以準備建立工作內容（包含

工作內容和背景的文件）和工作說明書（包含工作需求，尤其是技能與知識基礎）。

在工作設計上可以依照四個管理原則來進行，這些原則運用在組織中，對這個工作被定位在哪裡的考量與分辨不同的組織型態上非常有用。這四個管理原則就是工作簡化、工作輪替、工作擴大化和工作豐富化（Chelladurai, 1999）。工作簡化指的是一個工作（和組織）被分成一系列簡單又明確任務的過程。這簡化的動作是要增加員工專門化程度，使得員工工作有效率及生產力。工作簡化是管理的一個積極工具，特別是需要衡量員工的績效時。然而，工作專業化會導致員工對工作感到無聊並對工作不滿意。

第二個原則是「工作輪替」，這原則解決工作簡化所帶來的無聊感與不滿意。工作輪替即工作交換，它是週期性的工作輪替，使得員工對工作保持新鮮及刺激感，雖然在一個運動組織內其本身能讓員工輪替的工作職務有限。

工作的擴大化是員工被鼓勵去擴大他們的工作與額外任務的過程，即使他們已經簡單化和專業化了。工作擴大化的好處是能使得工作更加有趣，但缺點是有可能增加員工的工作量。

最後，工作的豐富化指的是工作的建構而使員工的動機與投入值達到最大化。這階段依賴有彈性的工作設計、成長且具有改變的能力還有在工作上能自主的員工。

階段2：招募（Recruitment）

招募就是企業組織為其所設計的職位找尋一個最合適的人選的過程。越多應徵者，組織找到適合人選的機會就越大。然而，要吸引大量的應徵者並不容易，特別是工作需要特殊的專業技能、認證或是經驗。因此，對握有數百萬美元供操作的主管位置，獵人頭可能曠日費時且耗成本。然而，如果只想招募一個在主場負責剪票的查票員，只需要直接地在當地的報紙徵人欄上刊登一則小小的徵人廣告即可。最後，如果要為一項大型的賽會活動招募10,000個體育志工時，就必須透過不同的媒體管道從事跨國的人員招募或刊登全球性的招募廣告。逐漸地，當一個組織快速地發展其溝通科技時，招募

過程變得更精進（參照案例7.1）。

個案 7.1　Rebel Sport

　　Rebel Sport是澳洲一家專門販賣運動用品、服飾、鞋子的主要零售商公司。1985年由雪梨的一家店開始發跡的 Rebel Sport 已成長為在澳洲股票市場上市的公司，至今整個澳洲總共有了 55 家店舖，超過 2500 位員工。

　　Rebel Sport的人力資源管理實務是非常廣泛的，包含Rebel Sport公司宣稱「Rebel Uni」為全澳洲最大的線上訓練設備。所有的 Rebel Sport 員工都必須參加線上與面對面的訓練課程，範圍包含了產品的認識、推銷規劃及優良顧客服務。

　　Rebel Sport 公司的線上人力資源管理系統不僅僅只針對旗下的員工，對於那些有意願來 Rebel Sport 公司工作的員工也可以進行一項「預備聘僱」的課程及訓練。在這方面，Rebel Sport 公司人力資源管理系統也結合了幾項重要的功能，將其整合成單一線上步驟，包含了招募、篩選及員工職前訓練等。想向 Rebel Sport 公司申請工作的人，不管他是總部的行銷經理或是 Townsville 的收銀員，都需要完成兩階段的線上訓練課程。階段 A：給予那些即將或想要進入 Rebel Sport 公司工作的員工對於 Rebel Sport 公司所認為重要的事項一個廣泛的認識，包含了顧客服務哲學及公司文化。當這些應徵者完成了階段 A 認識組織課程之後，他們會依照公司開出的職缺而給予分類。一旦完成這個步驟，應徵者就能藉由線上申請表去申請他們要的職位。這些申請表會被分類，如果審核通過，應徵者會由人力資源部門進一步接洽（加上面試），並要求應徵者完成階段 B 的簡介步驟，包含了產品知識及銷售技巧。這些過程通常都會在申請人正式受雇成為 Rebel Sport 員工之前進行完畢。

　　當員工被正式聘僱後，公司仍繼續鼓勵員工去完成那些公司認證的訓練課程，當員工修完「管理發展課程」後，公司可能會依照其能力去訓練成為一家商店的管理階層角色。

資料來源：Rebel Sport 網站。www.rebelsport.com.au

階段 3：篩選（Selection）

　　篩選與過濾是用來縮減那些在招募階段的應徵者變成候選名單的一個過程。在篩選適當人選的過程中通常包括了對候選名單進行至少一次的面談，這樣的過程將可彌補申請表的不足，以決定他們是否在工作分析上適合該職位且決定哪一位應徵者最適合該職位。依據應徵者的所在地，面試可能透過直接面談、電話、視訊會談或網路。在大多數的國家中，工業的相關立法包含了組織與雇用的問題。在人力管理過程中，這些法律或章程是用來雇用員工重要的依據。例如，在招募和篩選員工階段，組織不能有歧視或偏見（血統、膚色、國籍、種族、殘障、宗教、性別、年齡、婚姻狀況、懷孕或性別傾向）。關於這部分，Smith 與 Stewart（1999）提出來在面試的時候，儘量避免詢問的一些問題。

　　⑩　您的年齡？
　　⑩　您與較年輕的員工工作相處會有問題嗎？
　　⑩　您結婚了嗎？
　　⑩　您有小孩嗎？
　　⑩　在您工作時，您如何照顧您的小孩？
　　⑩　您當單親家長多久了？
　　⑩　您有計畫生育小孩嗎？
　　⑩　您在哪一個教堂做禮拜呢？
　　⑩　您具有基督徒的背景嗎？
　　⑩　您對於服用禁藥的看法？
　　⑩　請您在您的工作申請表上附上最近的照片。
　　⑩　您對於您體重的問題將會有什麼解決方案？
　　⑩　您有傳染病嗎？
　　⑩　您屬於哪一個俱樂部成員？
　　⑩　您屬於工會或職業協會成員嗎？
　　⑩　告訴我們您的政治傾向。

㉑　請問您是否服過兵役？

　　要衡量這一個職位候選人是否適合此項工作，最普遍使用的一個方法就是面試。當然除了面試之外，還有許多其他不同的衡量方法，例如，人格測驗、智力測驗等。這些方式漸漸被用於決定應徵者是否具備規劃階段（技能、能力、認證、經驗）該有的工作需求。舉例來說：Myers-Briggs Type Indicator（MBIT）就是一個有關諸如人們如何詮釋資訊和作決策等心理過程的人格測驗，並將人們分成十六種人格類型。根據 Carl Jung 的心理學理論，運動組織可以用 MBTI 職業性向測驗來確定申請人是否具有適當的工作技能及學歷資格，更能看出這個申請人的個性、態度和價值觀是否與這個組織或職位適合。

階段 4：新進員工職前訓練（Orientation）

　　當一個員工成功地度過了招募和篩選這階段後，緊接著而來的就是面對他們在體育組織內的新工作。然而，在開始工作之前，他們必須進行新進員工職前訓練並且認識組織。人力資源管理中的這個階段是重要的，因為一個好的新進員工職前訓練和認識組織計畫可以讓新員工感覺受到歡迎並賦予權力。但是，一個不佳的新進員工職前訓練與認識組織計畫或是沒有計畫會讓一個員工感覺他們在國外旅行，他們不能溝通、不知往哪去、看不懂任何符號。總而言之，如果在新的組織環境裡，沒有一個好的方式來引導員工進入這個工作環境，對於員工來說會是一個惶恐的經驗。實行成功的新進員工職前訓練和認識組織計畫可以改善員工的一些難處、擔心與焦慮。當這個員工為體育志工時，則會形成潛在的問題，沒有任何一個組織內的給薪員工來領導或監督的話，這潛在問題可能會惡化。這對組織或是員工都可能是件壞事。

　　一個成功的新進員工職前訓練和認識組織計畫呈現出組織和其運作中對資訊的有效溝通。這些資訊包含了一般概要、政策或章程、職業健康、安全章程、產業人際關係議題、組織設施導覽、訓練及發展方案概要及工作績效如何評估（Slack, 1997）。當一個組織需要大量的志工時，新進員工職前訓練和認識組織計畫會更加被重視，如奧林匹克運動會。在 1996 年亞特蘭大奧

運有 60,422 位運動志工參與，2000 年雪梨奧運有 47,000 位運動志工，到了 2004 年雅典奧運已經有來自世界各地超過 160,000 位的運動志工參與此項賽事。

在 1990 年代初期，澳洲體育委員會結合澳洲運動管理者協會（Australian Society of Sports Commission）及澳洲運動聯盟及州運動休閒部門發展了「運動志工參與計畫」。最初計畫是被設計來鼓勵運動組織採納那些專業的志工管理實務，其被視為大量的專業體育志工參與，進而促使運動產業專業化。

後來這個計畫被修正後用來提供運動俱樂部及協會以此資源及訓練模式來對其運動志工進行管理（招募志工、留住志工、志工管理—最佳實務指南、賽會志工管理、志工管理政策、志工管理協調）。體育志工管理計畫（Volunteer Management Program, VMP）包含了六個模式，乃由澳洲格里菲斯大學（University of Griffith, Australia）Graham Cuskeely 與 Christopher Auld 所著，其用以鼓勵澳洲的運動俱樂部及協會以人力資源管理方法對待志工。例如：第一個模式為「體育志工的招募」，這模式其中的一個章節包含了志工的新進訓練，即為人力資源管理的核心功能。這個模式鼓勵運動組織去發展有系統的步驟與實務。

底下的清單是由體育志工招募這個模式中擷取出來的，從這個例子當中，如果沒有了專業的體育志工管理方法（本例中為新進員工職前訓練）可能會讓體育志工感覺非這個組織的成員，不認同該組織，進而不能適當地去從事他們該做的事務（經常缺乏充分訓練或知識），因此有可能離開這個組織。

Orientation Programme Checklist

✓ 提供新進員工訓練的指南和工具。

✓ 提供組織當前的時事通訊、年終報告和最近行銷／促銷資料。

✓ 提供一份組織章程。

✓ 蒐集並建立每個志工的名字、地址和聯絡細節的資料庫。

✓ 蒐集並分類每一位符合資格並通過認證的志工檔案。

✓ 介紹組織的文化、歷史、目標、資助、客戶／成員和決策過程。

✓ 介紹組織內關鍵志工和員工（及組織架構圖）。

✓ 概述組織內主要的志工和員工的角色和責任。

✓ 細述組織內志工在新職位上所扮演的角色與責任。

✓ 使志工熟悉組織內設施、設備和資源。

✓ 解釋並且「模擬」緊急和撤退程序。

✓ 使志工熟悉組織每日的作業程序（例如：安全和風險管理、電話、影印機、鑰匙、文件系統、茶／咖啡供應、辦公室作業和規程、核准的開支）。

資料來源：Australian Sports Commission website at

　　　　　www.ausport.gov.au/clubs/volunteer_prog.asp#3

階段 5：訓練和發展（Training and development）

　　組織在尋找一個永續經營成長改進的方式時，訓練與發展是不可或缺的過程。如果運動組織雇用一個員工後，沒有經過有系統的訓練及發展，那麼員工表現必定低於水準之下，那些員工不僅對於目前的趨勢、實務運作和技能降低，同時他們也不會視自己為學習型組織（Senge, 1999）。基本上，訓練與發展是新員工或是現職員工學習那些能使他們在工作上更有效能所需之技能的一個過程。在這些技能的目的之一有可能是學習如何在一個職業運動場館操作入口旋轉門（新員工的訓練），或是學習如何有創造性地開拓組織以在充滿敵意的市場裡競爭（有經驗之現職員工的訓練）。過去的訓練著重於完全機械式的訓練活動，現今的訓練與發展包括了更多一般性組織技巧，例如聯盟球隊何時該去確認他們的產品與服務品質、一個國家性的運動組織何時該發展鼓勵州級與地區性運動組織看齊的組織文化。

　　Dressler（2003）概述了體育組織發展訓練過程有用的五步驟。步驟一為完成「需求分析」（needs analysis），需求分析乃組織確認員工所必要具備的技能，分析目前的技能基礎且發展出明確的訓練目標。步驟二發展訓練計畫（develop actual training programme），為了發展正確的訓練計畫，它必須分析組織內外部的環境來建立這項計畫。如同先前提到過的，大多數的運動組織因為規模太小而沒有具備技能和經驗去設計、發展與實行精確訓練計畫

之人力資源部門。運動組織最常使用的就是依據需求分析來選擇外部訓練提供者，例如，提供量身訂做或是標準課程的大學或諮詢機構；步驟三為驗證（validation），這個合宜性的步驟要驗證組織建立的那些訓練計畫是否符合組織需求分析；步驟四為實行計畫（implementation），這階段員工受到訓練（包含了短期一天的訓練班、兩年期的碩士課程）；步驟五為評估（evaluation），一個好的訓練課程可以擴充適用於更多的員工以及建立更多的技能，失敗的訓練課程則須中斷或是重新規劃，這需透過組織重新評估需求分析。所以在人力資源管理過程中，訓練與發展過程最好能被視為是一種循環。

階段 6：績效評量（Performance appraisal）

　　這一個階段的人力資源管理過程是最具潛在危險的，在宏觀下來看，這個階段是「員工」與「管理階層」的相互抗衡；從微觀的角度而言，這個階段管理階層會因為要評量他人而感到不悅，而員工可能也會對於這個評量的結果感到自身價值被貶低且感覺到一些負面的評價。運動組織內的人力資源管理者必須審慎小心地進行績效評估的過程，同時組織內的人力資源管理者必須發展一個讓員工和管理者能夠感受到被賦權的合作過程。管理者和領導者必須具備審視績效評量的能力並提供改善建議，以此作為整個組織能力的發展。另一方面，員工需要一個討論的空間，這個空間讓他們能自在地去認同自己所做好的事或是他們應該能做到更好的事，這即是進行專業與職業發展過程的一部分。從這個觀點來看。在任何的運動組織內，不論這組織是何種規模大小或型態，績效評量必須是簡單但具有「效率」的，也就是「計畫、執行、評量、改善」這四個要點，這通常與品質保證計畫有關聯性（Deming, 1993: 134-136）。

　　在職業運動組織內，績效評估細節通常是公開的。運動員與教練不斷地以成績來被評列等級。例如：在職籃方面，得分、籃板、助攻、失誤、抄截、犯規與火鍋（阻攻）等，這些攻守紀錄都被詳細記載。每年為運動員立訂的目標與他們符合表現水準的能力將會是隨著進步的程度而續約的一個重要表現指標。另一方面，如果這些球員達不到標準，意味著他們需要回到小聯盟

繼續進行磨練或不能出場比賽。對於教練來說，績效評估可能就是球隊的勝負紀錄。當然教練一方面要使球員感覺到開心，另一方面也要與球團管理者維持良好的關係。如果教練可以做到上述的兩件事情，即使戰績不是很好，在續約談判時也有較大的空間可討論。

階段 7、8：報酬與人員去留（Reward and retention）

當一個運動組織做好了人力資源管理計畫、招募、篩選、新進員工訓練、訓練及評價後，接下來組織就面臨了如何去保留這些優秀的員工。不論那些員工是有償或無償的，留住優秀員工意味組織在財務和策略上較佳。運動組織會因為沒有留住那些員工，而造成了組織知識及智慧產權的流失。不斷地流失員工意味著組織有機會去鼓勵與開發新的思維，但是更有可能的情況是它會造成更多資源的浪費，導致又回到最初階段。

人力資源管理前六個步驟都是討論對於員工的保留。不好的新進員工訓練，訓練及績效評估計畫對於員工的保留產生負面的影響。從保留員工的另一對等角度而言，獎勵與報酬能夠鼓勵員工對組織產生依附感。在職業運動組織這意味著資深管理者會準備付「市價」而不是試著維持低薪（Smith & Stewart, 1999）。在一個以志工服務為主的組織內，通常獎勵是以感謝函的形式，感謝他們對於這一個成功賽會的協助與邀請明年的再度參與。換句話說，獎勵和保留的策略有極大部分是取決於工作滿意程度與工作完成的程度。

個案 7.3　NBA 新球員職前訓練與引導（NBA Rookie Orientation and Induction）

在美國有著許多的運動職業聯盟，像是美式足球聯盟（NFL）、冰上曲棍球聯盟（NHL），這些運動職業聯盟都有所謂的一個稱為「Rookie」的新秀訓練營，在訓練營裡，球員努力在球季正式名單上爭取一席之地。這個新秀訓練營和給予非行政職位的人篩選及過濾階段是相同功能的。這個新秀挑選的過程通常是每年球探會在全國各高中或大學中尋找有籃球運動天份的人來參加測試。當一個新人通過了新秀訓練營的招募及測試的各個階段後，緊接著伴隨而來的就是一個嶄新的職業球員生涯。

美國職籃聯盟（NBA）早期認為要招募一個年輕球員進入職籃以及開發一個完整的新球員職前訓練與引導是困難的。從 1986 年開始，NBA 的新秀球員會在球季

開始前一個月參加球團為期一個月的訓練及培育營，新人轉型訓練計畫被設計來訓練那些年輕運動員，使他們發展出更好的生活技能。新人轉型計畫乃希望提供他們為將來職業運動生涯中獨特的壓力做準備。經由包含了各項的課題，如健康、營養、憤怒管理的計畫，NBA 期望那些年輕球員能做出更好的決定。

　　這個訓練計畫也包含了 NBA 新人常須面對的情境角色模擬，這些情境與人際關係議題有關，這對那些 22 歲左右且年收入超過百萬美元的年輕人而言是很重要的，因為他們有可能在運動生涯中受到性誘惑或是不夠成熟去面對業餘到職業的這種轉變。在新球員職前訓練計畫中必須灌輸這些年輕人「機會、做決定、結果」的觀念。這個計畫持續受到 NBA 與國際籃球球員協會之球員發展部門的支持。

資料來源：NBA 網站。

 總結

　　人力資源管理在運動組織內要有效的運作，依賴的是人力資源管理過程的實行及相互配合。某方面而言，它可被視為制式的，然而從更積極的角度來看，它可被視為經由一連串清楚描述的階段以成功管理人們的計畫。

　　人力資源管理中不論是計畫、招募、選擇、職前訓練、訓練、績效評估、獎勵及保留等階段對州內的一個想要成功運作運動組織、非營利或是商業運動環境而言都是重要的，因為，不管其背景為何，優良的人員管理是每個成功運動組織的核心。一個好的人力資源管理能讓運動組織解決自身特殊的挑戰，如運動員在一個職業運動組織的定位和大型賽會（每年舉辦一次或是定期舉辦）所需的大量臨時或半固定人力。另一方面，如果一個不良的人力資源管理會導致整個事件失敗或是低落的工作士氣與降低工作滿意度。簡而言之，一個有效及有系統的人力資源管理對於任何大型或小型運動組織來說都是從事管理的一項重要工具。

複 習 題

1. 在人力資源管理過程中，哪一個過程階段是最重要的？為什麼？請以給薪職員的組織和以志工為主的組織來說明。

2. 有效的運動組織管理中人力資源管理是否扮演重要角色？為什麼？

3. 檢視地方性運動組織之人力資源管理過程，這些過程是否適當？

4. 檢視您當地（城市／省份／地區）年度主要賽會的人力配置。這些人員配置是穩定的嗎？

5. 人力資源管理角色在體育組織之內應該與其他部門結合嗎？

6. 不同的人力資源管理策略能應用於志工和給薪員工嗎？

7. 運動員在職業運動組織的定位是否造成有效人力資源管理實務上更多的需求？或是沒有？

8. 比較體育組織和非體育組織的新進員工職前訓練與引導，它們如何不同？為什麼不同？

9. 經常在體育組織內公開讚美員工是否會降低人力資源管理過程公正性？

10. 選擇一個規模小到中型的組織，組織內無人力資源管理專家。請以人力資源管理的角色來為一新員工進行工作分析。

進 階 讀 物

Chelladurai, P. (1999). *Human Resource Management in Sport and Recreation*. Champaign: Human Kinetics.

Doherty, A. (1998). Managing Our Human Resources: A Review of Organizational Behavior in Sport. *Journal of Sport Management*, 12(1), pp. 1-24.

Robinson, L. (2004). Human resource Management. In Robinson, L. Managing *Public Sport and Leisure Services*. London: Routledge.

相 關 網 站

若需更詳細有關運動組織的人力資源管理的資訊，可參考下列網站：

- Australian Sports Commission Resource at
  http://www.ausport.gov.au/clubs/ volunteer_club_mngmt.asp
- Sport England Resources at
  http://www.sportengland.org/index/get_resources/resource_download/
  funding_information.htm
- Sport and Recreation New Zealand Sport Administrator Resources at
  http://www.sparc.org.nz/sport_admin/

第八章

領導

本章概要

- 概要
- 什麼是領導？
- 領導的理論基礎
- 領導與管理
- 運動組織中領導者的挑戰
- 總結

- 複習題
- 進階讀物
- 相關網站

概要

　　當問及卓越的領導時，我們可以列出所有顯著成就的男士與女士。排行榜首的則可能會是 2000 年前羅馬帝國的統治者 Julius Caesar；Elizabeth 皇后則是 1500 年前第一位統治英國的女士；Napoleon Bonaparte 則是 200 年前統治歐洲大陸的人。許多當代的領導者，則像是 Nelson Mandela、Bill Gates 與 Michael Jordon 等人。但是你可能會懷疑，為什麼 Michael Jordon 也在名單裡呢？他是如何表現地像一位領導者，但是卻不是掌管著國家或企業。

　　領導可能會是在管理學中研究最多的一個部分，然而卻是了解最少的主題。優越領導的定義為何、以及誰是優秀的領導者這兩個問題依舊是受到最多重視及廣泛學術研究的議題。舉例來說，*the Handbook of Leadership: Theory,*

Research and Managerial Applications.（Bass, 1990）引用了超過 7500 個領導的概念且深入探討。以美國而言，每年超過 2000 本以領導為主題的書出版。不論是學術與一般性的論著，大多數的領導書籍作者都同意其中的一項最基本領導原則，就是領導意指方向。如果沒有目的或所期待的結果則無法領導。就算跟隨者明確知道目的或期待的結果為何，領導者最少必須知道他（她）的方向。如之前所說的，即使 Michael Jordon 不是個領導者，然而，人們相信且願意跟隨 Michael Jordon 所設定的方向，他就會自然而然的成為領導者。「追隨」也就因此給予了領導者影響其他人行為的力量。

在此章接下來的部分，我們將會提供一個以多樣方法為主的寬廣角度來描述與實行一個好的領導。我們也會利用一些案例來更深入探討最好的領導為何？這樣的討論將會在運動組織面臨領導的挑戰時發生。

讀完本章後，讀者應該能夠：

> ◎ 闡述領導者與領導的基本需求為何；
> ◎ 區別管理與領導的不同；
> ◎ 概述領導者可運用的不同層級（在組織裡）以及這些對其領導方式的影響；
> ◎ 概述運動組織中的領導者可能會遭遇到的問題；
> ◎ 提供個人在領導發展上的需求。

🏀 什麼是領導？

如同先前提到的，很難找到一個被所有讀者認為適合且可以完全反應出領導的真義。有時候，領導被形容為透過人們把事情做完。其他人則認為領導是為了影響別人的執行權力。或者真正的領導是想像一個光明的未來且帶領著大家去把它實現。

換句話說，領導對不同的人來說是許多不同的事情。Cotton Fitzsimmons，Kansas City Kings 的前教練認為，如果你是一個樂觀的人，你就是一個自動

的激勵因子。你可以讓人們去做你不認為他們可以勝任的事情（Westerbeek & Smith, 2005）。Vince Lombardi，1950 年代及 1960 年代間 Green Bay Packers 有名的教練就說過，領導者是製造出來的，不是天生的。經過一番辛苦，他們也能像其他的東西一樣被製造出來。而那就是我們要達到目標前所需付出的代價（Westerbeek & Smith, 2005）。根據前 US President Theodore Roosevelt 所說的，最好的執行長就是能夠適才適所且不同流合污。Lou Holts，前 Norte Dame 足球隊的教練，認為所有會贏球的隊伍都是目標導向的。像這樣的隊伍能夠持續地贏球是因為每個人都與隊伍連結在一起並有特定的目標。沒有任何事情可以阻礙他們達成他們的目標（Westerbeek & Smith, 2005）。有一些事情從這些引述中凸顯出來。根據這些有相當經驗但非常不一樣的領導者，他們認為領導是：

- 目標導向；
- 和影響別人有關；
- 和授權給他人有關；
- 和看到大好的遠景有關；
- 和需要他人有關；
- 和個人個性的優勢有關。

　　我們可以利用這些領導的要素來架構一個領導的定義，而這個定義我們可以用於此章。在本書中，我們把領導定義為有技巧地影響及讓他人能夠達成其所冀求的目標。我們體會到無法判斷許多的要素是否需要被整合到領導的定義中。但是在這本書中作為介紹的部分，以上所述的定義將會適合其目的。在下一個部分，我們將會深入探討人們是如何來看待領導。

個案 8.1　Mark McCormack 及國際管理組織

　　國際管理組織（IMG）座落在 Cleveland, Ohio，目前在全球 30 個國家有 70 個辦公室。公司的事業體包含了世界排名第一的模特兒經紀公司、最大且獨立自主的證照公司、書籍代理商、全球知名古典音樂家的代理商、高爾夫課程發展部門、運

動行銷與贊助的諮詢部門、最大的獨立電視運動製作公司、權利分配公司（Trans World International）以及 IMG 是世界運動員、藝人及運動組織代言的領導者（如：Tiger Woods, Ernie Els, Jennifer Capriati, John McEnroe, Michael Schumacher, Kate Moss, Liv Tyler, Manchester United, the US Olympic Committee Oxford University）。IMG 也舉辦許多（運動）賽事（如：Wimbledon, Rugby World Cup, the Australian Rally Championship）。因此，平均來說，每天參與了平均 11 項的運動與文化賽事。

當他們在大學參加高爾夫球比賽時，遇見 Arnola Palmer，Mark McCormack 看到代言優秀運動員絕佳的機會，並努力在比賽以外賺得更多的錢，而那時，沒有人看到這樣的機會。除了把焦點放在運動員的能力上外，McCormack 很快地了解到透過持續將運動員的資料密集且正向地曝光是成功的關鍵。現在看起來是一般常識，但是在 40 年前卻是一個願景的實現。在與 Arnola Palmer 簽下合約後，也把 Gary Player、Jack Nicklus 簽了下來，成為高爾夫的三巨頭。公司營運的成功在於他把公司建立在名聲上，而不僅僅是簽下最佳的球員、最漂亮的模特兒或是最棒的音樂家，在往後的幾年也是如此。雖然體育節目的製作從 1980 年代後期才開始，McCormack 卻在 1960 年代左右建立了 TWI，電視節目部門。在他所可以掌控的運動員間建立夢想且讓這些動員透過 IMG 的所有媒體做全球性的大量曝光。

McCormack 自己認為 IMG 非常成功的理由是嘗試利用運動來娛樂消費者及銷售產品，而這些是前所未有的。因為當你清楚地知道，在未來的 30～40 年間，人們最尊敬的就是運動明星。他其中一個經營賽車事業的朋友，Jackie Stewart 認為 IMG 成功的秘訣在於汽車產業是世界第三大製造業，它比我想到的所有運動有更多潛在的商業發展與機會。我只是開始去從事而已。但是我知道我需要一位非常傑出的人才。Jean-Claude Killy 在早期非常地出名，因為他一直待在高爾夫球界裡而且做得非常好。以滑雪為例，在那個時候，滑雪不是一個參與人數非常多的運動。Jean-Claude Killy 在早期對運動非常地了解，因為他拿到三次的金牌。McCormack 從 Killy 身上學到許多，因為他是一個名人，不僅僅是因為滑雪是一個大眾運動。透過他的職業，McCormack 與許多他簽下的運動員維持非常良好的關係，而個人化的服務就是一切。IMG 目前兩個總裁共同分擔工作。McCormack 的願望總是太大難以滿足。

資料來源：www.imgworld.com；www.cbn.com

領導的理論基礎

　　人格理論是研究領導理論的基礎。這些理論的支持假設是部分的領導特徵與技巧對領導的效能來說是必要的。

人格或特徵方法

　　雖然領導中的特徵或人格特質方法是源自於早期相關領導的研究，一般的領導文獻在陳述領導時仍一直強調人格與內在能力的重要性。Locke（1991）認為特質理論（他們也稱作偉人理論）是領導中不完整的理論，領導者的特質或人格型塑也解構了一個好的領導。Locke（1991）建議擁有一些特質，例如，有衝勁、誠實等對有效的領導是很重要的。以籃球傳奇 Michael Jordon 來說，即因為擁有令人難忘的內在領導特質，使得他在許多不同的領域中成為優秀的領導者。領導者必須利用他們的特質來培養一些技巧、建立一些願景並把願景實現。這是一個案例，似乎特質只有占了一部分的因素而已。

　　雖然領導者人格特徵與其成功與否的相關實證非常微弱，然而在許多因素（一般的文獻）中來檢驗人格特質時仍是相當具有價值的，並能對領導有更深入的了解。一般而言，特質理論是基於社會背景、生理特性及個性等基礎上來判別是否為一個好的領導者的假定。

行為方法

　　當不能只以內在的個性來當作一個優秀領導者的判別指標愈來愈明顯時，組織的研究則開始強調探究優秀領導者共同的行為模式。行為學家認為藉由簡單的學習其他優秀領導者的行為時，任何一個人都能成為一個優秀的領導者。

　　行為策略把行為當作是對情境作回應。如果研究顯示出某些態度的行為會塑造出一個優秀的領導者，那麼，個人則可以透過學習來展現出這些行為，特別是在領導的情境下。領導的行為方法也是對早期管理學的一種回應。Frederick Taylor 是這個理念早期的發起人及實際大力的推行者，並認為管理者

需要透過科學來改善效率。這個方法後來演變為泰勒理論或科學化的管理，一種在大量生產的情況下忽略及摒除人性缺點的一種哲學模式。然而，在泰勒的理論下，人不過是機器的一部分，且勞力的標準化會帶來較大的效率及更高的利潤。根據泰勒理論，管理者需藉由研究員工需要達成的目標，及藉由分析、測量工作的每一個分割要素來決定最有效率的工作態度。對每一份工作來說最有效率的方法是每一個員工都應遵守的標準化方法及測量每一個員工的生產力。

回應泰勒的理念，行為學家要求組織管理部門一種強調人群關係的新方法，其中包含要衡量管理者與員工間互動的關係。在 Hawthorne 的實驗裡，最初是針對照明對工廠員工影響的研究，Elton Mayo 發現員工間、管理者與員工間的人群關係在確保工作效率上也是相當重要的。藉由研究最好互動方式，管理者可以帶領著員工一同為公司努力。另外一個研究領導的行為理論是所謂的 X 理論與 Y 理論，由 Douglas McGregor 所提出來的，這個理論是基於領導者有不同個體的員工。持 X 理論的領導者認為典型的員工都是不喜歡工作且一直都需要接受管理。他們認為員工需要被強迫來執行工作。持 Y 理論的管理者則認為員工都是自我管理的，且為工作與公司犧牲奉獻，他們自然會為工作負責任。因此，持 Y 理論的領導者與相信 X 理論的領導者所表現的將會有所不同。

另外一個行為理論是由 Blake 與 Mouton 所提出來的。他們提出兩個象限的管理方格：其中一個是有關人性，另外一個是有關產品。Blake 與 Mouton 認為在這兩個象現不同層級的關心將會有不同的領導風格。例如，低程度的關注與產品將會帶來守舊的領導風格，而對人性及產品持高程度的關注的領導者則會塑造出團結風格的領導形式。Blake 與 Mouton 的方法也被應用來區分以人性為導向或以目標為導向的領導者。最後，重要的是行為學家在領導中提出的理論會導致領導的不同風格，更會影響領導的成功與否。

權變理論

在這些研究中，研究人格特徵或與行為有關的研究為視情況而定是顯而

易見的，換句話說，則是依據不同的情境而定。單是人格特性或是行為無法
說明情況如何改變，例如，任務結構、環境特性或是附屬的特性都可能會影
響或限制領導者的行為與結果。

在領導的權變理論中，主要的核心價值在於不同的領導風格與方法可以
運用於不同的情況中。譬如說，這就是為何 Diego Maradona 運用在阿根廷隊
上展現出亮麗的成績並贏得 1986 年的冠軍。但是當 Diego Maradona 被要求
在不同文化下的其他隊伍取得一樣的成績時（Napoli 在義大利，而 Barcelona
在西班牙），則無法有同樣地表現，同時更顯露出個人領導行為的缺點。領
導者行為與人格特徵的焦點不需要如此地被強化，並且在情境理論中我們要
把焦點轉向領導者與環境的一致，包含了員工的特質與工作環境。在下一個
部分我們將會提出三種情境理論，其影響著領導者的領導才能與執行。它們
是：

⑩　Fiedler 的最不喜歡共事者類型；
⑩　Hersey 與 Blanchard 情境領導理論；
⑩　路徑－目標理論。

Fiedler 的最不喜歡共事者類型

Fiedler 的理論以下列三原則為基礎：

⑩　領導者個人的特質與情境的某些部分決定了領導者的效能；
⑩　領導者不是目標導向，就是關懷導向；
⑩　領導者的效率決定於領導者對於情境的掌控度。

Fiedler 藉由一份最不喜歡共事者量表來將領導者類型分類成目標導向或
是關懷導向。這份量表藉由一連串兩極化的問卷詢問領導者來評估共事的人
員，其中包含快樂－討厭、冷漠－溫暖、支持的－敵對的，來獲得在到達什
麼樣的程度時，其無法與其他人員共事。在 LPC 量表中得分較低的領導者是
較為偏向目標導向的，並且只在下屬工作被視為完成的前提下，才會關心下

屬。而在 LPC 量表中得分較高的，則較偏向關懷導向，傾向於與下屬建立較為親近的互動關係。目標導向的行為付出較少的關懷，而且是在人際互動關係已經建立後才會顯得較為重要。根據 Fiedler 的關係，如果在最喜歡的共事者量表上得分依舊相當高時，則指出領導者在與下屬發展良好關係上感到相當地滿意，是以關懷為導向的領導風格。

模型更進一步指出，控制是依賴三個結合的情境變數上：

① 領導者與追隨者間的關係；

② 目標結構化的程度（被完成特定目標或工作的程度）；

③ 領導者的權力地位，產生出八種可能的情況，如表 8.1 所示。

表 8.1　Fiedler 情境因素與領導效力

情境	情境有利性			領導有效性
	領導者與成員之關係	任務結構	領導者權力地位	
1	好	高	強	低 LPC
2	好	高	弱	低 LPC
3	好	弱	強	低 LPC
4	好	弱	弱	高 LPC
5	壞	高	強	高 LPC
6	壞	高	弱	高 LPC
7	壞	弱	強	高 LPC
8	壞	弱	弱	低 LPC

節錄自：Fielder, F. E. (1967), *A theory of leadership effectiveness*, New York: McGraw Hill, p.34.

Hersey 與 Blanchard 情境領導理論

該理論認為當團體中的成熟度改變時，領導者行為應該如情境理論中所說的一樣要加以改變。Hersey 與 Blanchard（1977）認為團體的技術程度與心智成熟度從低轉變為中等，在轉變為高度成熟時，領導者的行為則應該轉變

的更加有效率。當任務與低程度的心智成熟度相關時，則應展現出高目標導向的領導行為，換句話說，應對下屬運用有效的溝通技巧或是銷售技巧。在中程度的成熟度，領導者需把焦點置於關係與行為上，而面對高成熟度的員工，則應採取較少的命令或目標導向的行為，並且讓下屬能夠來承擔責任，或者應以支持性或指派性的方式來進行溝通。

根據運動組織理論研究員 Trevor Slack（1997）的研究，在管理與組織的相關文獻中，對於 Hersey 與 Blanchard 的理論很少有實證研究來檢測兩人所提出來的觀點與行為。因此，目前有一些人正運用情境領導理論在運動情境中，不過結果尚未呈現出一致性。

路徑－目標理論

目標情境理論（House, 1971）運用了行為與情境的理論到領導中。條條大路通羅馬，因此，情境理論建議領導者必須選擇最適合的領導風格來配合特定的情境。此理論特地用來解釋領導者行為如何影響下屬的動機與滿意度。

Wexley and Yukl（1984）引用 House 的理論，認為領導者的激勵功能包含了個人逐漸增加給下屬達成工作目標的報酬，以及使其獲取報酬的方式更簡單，減少障礙及陷阱，並增加讓下屬感覺滿意的機會（p.176）。換句話說，員工與環境的特質決定了潛在增強的動機與領導者決定改善動機的態度。員工對某一種領導風格的偏愛端賴於他們實際上處於何種位置（Wexley and Yukl, 1984）。採取這些不同的觀點，目標情境理論提出四個領導者行為的四種風格將可用來達成目標（House & Mitchell, 1974），四個風格是：

①　教導型的領導（領導者給出特定的指示、期許與引導）。

②　支持型的領導（領導顯示出關懷與支持下屬）。

③　參與型的領導（下屬參與決策制定的過程）。

④　成就型的領導（領導者設定目標、強調績效與下屬必須達到高標準績效的信心）。

理論基本上是用來檢驗領導者如何影響下屬對於不同行為會導致不同結

果的期待。教導型的領導預期能給下屬帶來積極的影響,特別是在目標不清的狀況下。然而當目標是清楚的狀況時,採取此種領導風格則會帶來負面的影響。支持型的領導則可能會帶來工作的滿意度,特別是當情況是不利的情形下。參與型的領導則因為參與的關係,會促進滿意度(Schermerhorn et al., 1994)。成就型的領導則會鼓勵高績效標準與增加對預期結果的期待。

從互易型領導到轉型領導

如同在此章前面所提及的,科學的管理方法(Taylorism)減少了個人的影響而表現出如同機器一般的功能。人際間的關係被列入管理中的要素之一,因為當個體的需要被列入考慮時,則可能會帶來更佳的工作績效與成果。

最近在領導研究中的一個重要理論為互易型領導與轉型領導。互易型領導涵蓋了許多以領導者與下屬合理互易的理論基礎。如同以上所提出的理論,根據 Bass(1985),互易型的領導是相當具有魅力,且透過可以提升目前組織氣候與文化的過程,把下屬變成領導者。互易型的領導在於創造成本—利潤之經濟上的交換,換句話說,其以下屬所創造的協定服務來滿足下屬的需求(Bass, 1985)。為了影響下屬的行為,其可能會採取下列的方法:

⚾ 權變型的回饋(領導者利用回饋或獎勵來達成目標);

⚾ 主動式例外管理(管理者會積極地監控完成的任務並利用矯正的方法來確保工作都能達成最低的水準);

⚾ 被動式例外管理(領導者會利用矯正方法來回應不被接受的表現或可接受標準中的誤差);

⚾ 放任型領導(領導者是冷漠的且對員工與表現皆是不予回應的)。

然而,領導理論學家認為互易型領導僅企圖透過薪資的交換來影響員工。其無法建立於員工認為有意義的工作上,且無法激勵員工的創新。因此,一個更有效與有益的領導行為可以達成長程的目標與改善的績效因此而生,也就是轉型領導。 Sir Alex Ferguson 一直以來都是 Manchester United 的經理,他被形容為轉型領導者。他替俱樂部開展了一個未來,而且董事會以讓他管

理超過 1,000 場比賽來回報他。在他的指導與監督之下，俱樂部變成英格蘭超級足球聯賽中最成功的隊伍。而且他預計讓 Eric Cantona、Ryan Giggs、Roy Keane、David Beckham、Ruud van Nistelrooy 及 Wayne Rooney 成為下一個世界舞台上的領導。

什麼是轉型領導

Bass 與 Avolio（1994）認為轉型領導是一種新型的領導，且必須伴隨著好的管理。相對於互易型領導，轉型領導不只是交易的過程。其不只提高了員工的需求與價值，也同時提供了腦力激盪與員工的信心。Bass 與 Avolio 提出四個轉型領導者會用來達成卓越目標的'I's'，即是：

① **把影響理想化**（Idealized Influence）：轉型領導者做出許多會讓自己受到尊重、景仰與信任的事情，且最後會成為一個典範。轉型領導者會表現出高標準的道德行為；

① **激勵**（Inspirational Motivation）：藉由表現出熱誠與樂觀的態度，轉型領導者會積極地激起團隊的精神、鼓舞來分享共同工作目標的一切；

① **腦力激盪**（Intellectual Stimulation）：藉由革新、創造、支援、重組問題並對既往的想法提出質疑，轉型領導者創造出腦力激盪與鼓勵的環境；

① **個人化的考量**（Individualized Consideration）：轉型領導者在達成目標與發展的過程中，扮演了像是教練或指導者的角色，注重個人的需求。

更仔細地思考 4 個'I's'，魅力（激勵熱誠的能力、興趣或藉由個人的魅力或影響力來影響別人）是轉型領導中很重要的一個要素。僅限於魅力型的領導者可能會侷限於其能力而無法達到高成就，也因為魅力型的領導者要把其信仰灌輸到別人身上，也因此限制了員工個人發展的能力。然而，轉型領導會比魅力型的領導者帶來更多的組織或團隊願景，也因此會激勵員工與同僚共同朝向組織的目標前進，而不僅限於個人利益。

在 *Right to play* 部分，其前身為 *Olympic Aid*, Lillehammer Olympic Organizing 委員會所留下的專案，其主要的目標為集聚運動、商業及媒體領域中的領導者以建構出更好的生活狀況與發展機會給全世界的兒童。在 2001 年的三月，*Olympic Aid* 成為一個非政府組織的執行機構（Non-Governmental Organization），而且藉由規劃兒童發展課程，進行相關研究與政策發展來改善保障兒童遊戲的權力。

四次奧運金牌選手，Johann Olav Koss 是目前組織的執行長與總裁，他是推動 *Olympic Aid* 轉型為 *Right to play* 的幕後推手。在他的運動生涯中，曾經以運動大使的身分造訪過厄利垂亞（Eritrea），深受當地兒童的生活狀況所影響。因此他決定把奧運中大部分的收入捐贈給 *Olympic Aid*。在過程中，他邀請其他選手與社會大眾來作同樣的事情，這也使得他募得了 1,800 萬美金。在 1994 年到 2000 年間，*Olympic Aid* 持續以奧運會的精神，募捐給在惡劣環境下成長的兒童。

在 2003 年早期，*Olympic Aid* 為了要配合發展中計畫執行的需求與資金募集，而逐漸發展成 *Right to play*。在 Lillehammer 的傳奇創辦下，這種轉變使 *Right to play* 不僅包含了奧運選手及其他較高水準且身為大使的男女運動員，同時也增加了與非奧運運動的連結，與其他私人資金募集的機構結成伙伴，並強化了一般人民運動的水準。領導者 Johann Olav Koss 的願景成為高度成功的組織並持續地以組織的領導者帶領組織前進。藉由運動與遊戲當作溝通的工具來發展與傳達其兒童與社區發展的計畫。廣義地說，運動也是以這樣的方式在進行著。

🏀 領導與管理

在這個部分將會簡要地討論領導與管理間的關係，以及如何分辨兩者。Kotter（1990）進行過許多的研究來試圖分辨管理者與領導者。他認為管理的有效性是基於計畫與預算、組織與人員控制與解決問題的能力。然而，領導主要是基於這些能力之上來建立營運的方向、安排人事、鼓勵與激勵員工。根據 Kotter 的論點，領導者是完成改變，而管理者是維持現狀。然而，Bass（1990）認為領導者進行管理與管理者進行領導，兩者並不是同義的（p. 383）。它超越出這本書的範圍並更深入地討論領導與管理間的不同。因此，只要在運動組織中討論管理的原則時，一個能力卓越的管理者同時扮演領導

者的角色比不具領導的管理更容易成功。因此,在下一個部分,我們將要討論領導的五個功能,而這五個功能需要被好好地管理。這些功能是:

- ⑪ 創造一個願景;
- ⑪ 訂定策略;
- ⑪ 設定目標及向目標前進;
- ⑪ 影響與激勵人們;
- ⑪ 加速變革與培養文化。

創造一個願景

　　願景是超越大多數人心中可以直接想像的未來狀態。在一個組織的脈絡下,對未來的觀點是樂觀且光明的景象,而且是有遠見者(有敏銳的洞察力及想像力的人)才能看到的。換句話說,如果在組織中工作的人們可以適得其所並朝向願景努力,領導者需要為組織創造能加以實現的願景。通常好的領導者會將自己與管理者互相區隔開,因為領導者有願景而管理者沒有。而如何透過策略來達成願景是領導者的下一個職責。

制定策略

　　策略制定的過程與許多達成目標的方法有關,其包含了兩個主要的觀點:也就是組織與個人組成了組織。如果無法將願景化作實際的行動的話,有願景的領導者未必是成功的領導者。因此,策略管理的過程是和謹慎管理內部組織有關。其中包含考慮員工個人的需求、外在環境中會影響領導者實現願景能力的機會與威脅。為了做好準備,領導者需要參與制定可加以衡量的目標。

設定目標與朝向績效

　　制定目標是領導者的下一個職責。一旦制定出廣義的策略(而這些策略從未以具體的方式制定,需要持續地更新),則需要將可衡量的結果與這些

策略加以連結在一起。換言之，為了達成未來願景中的目標，必須要了解什麼是我們在短期內需要達成的。換句話說，領導者需要常常參與組織中不同層級的目標制定，從願景與策略性目標到最常忽略掉的較低層級組織的營運目標。只有當 SMART（明確的、可衡量的、可達成的、可獲得的資源、時間限制）目標設定後，領導者才能有效地管理其組織績效與員工。在達成組織績效中很重要的一個因素是領導者的人事管理技巧。

影響與激勵人們

以領導中不同的理論來看，我們已經談論過領導者可能會選擇許多不同的方法來影響團體且和個人或團隊溝通。為了要讓人們了解績效的目標，設定目標是重要的。而為了要帶領著員工朝向正確的方向前進，領導者必須了解實際的行動且要運用人事技巧。這就是為什麼有魅力型領導者在的地方，事務的推動較為容易。他們自然而然就會藉由個人的魅力或影響力來激勵人們的熱誠、興趣或他人的情感，而這些天生的能力會讓領導者在達成目標的過程中取得更加有利的位置。

加速變革與培養文化

最後，重要的是當下改變是持續的。無法協助他人去了解為什麼改變是必要的，而這些改變又能如何以最少的爭論與最大的利潤來達成的領導者將無法在 21 世紀中的組織生存下去。大多數的組織需要與他們的工作市場保持密切的聯繫，而且市場狀況的改變將會影響組織的結構與策略。常常對市場改變做出快速的回應是必要的，這也就是有著利益關係的組織文化發生作用的部分。諷刺的是，一個強健與穩定的組織文化可以促成持續修正方向與改變組織的文化與結構的需求。在這個變革已被視為是組織生命正常的模式下，創造與孕育組織文化是領導者的責任。一個強健的文化是任何一個組織及文化維護的骨幹，也因此成為領導者主要的責任。

個案 8.3　提供一個願景給 Al Jazira 運動及文化俱樂部

Al Jazira 運動與文化俱樂部是屬於 Abu Dhabi，United Arab Emirates 的首都，其中一個以複合的運動組織。Al Jazira 是阿拉伯的島嶼的意思，意指 Abu Dhabi 市所在的島嶼。在 2004 年年初，俱樂部開始從事改革許多的管理策略，這個改變是由外來的諮詢團體所規劃的策略性計畫。在那個時候，俱樂部有一個董事會受到 Abu Dhabi 政府的大力支持（就經濟及優越的設備而言，幾乎包含了 2/3 的總收入）。因此，在資金的部分也是受到政府的主導。此外，俱樂部雇用了一些專業人士，包含有豐富經驗的教練、設備管理者、無證照的行政人員及操作人員，所有的人員對組織未來的營運方向都有自己的主見。俱樂部在薪水名單上大約有 400 個人，其中有 100 個人員是全職的人員。俱樂部沒有首席執行長、總經理或是執行長。儘管 Al Jazira 是一個複合的運動俱樂部（手球、排球、游泳、桌球及足球），而大多數的焦點及資源都集中在足球上。俱樂部最近參加了國家足球競賽的預賽，而且是冠軍賽的常客。因此，一點也不意外的是俱樂部最重要的目標之一是取得好的成績。這個目標比其他的目標來得更加重要。

從俱樂部願景的觀點來看，一個成績良好的足球隊，其成績的重要性可能會限制了願景的設定。換句話說，雖然 Al Jazira 是一個複合的運動俱樂部，其願景可能被限制在取得漂亮的國際比賽成績，對社區團聚力與發展的影響力則較不顯著。

因此，對 Al Jazira 俱樂部來說，必須要建立一個共同核心的營運方向的願景，並強調可以吸引俱樂部中其他人們高尚的運動。俱樂部想要貢獻給資助者及消費者社區到何種層級，需要透過任務的制定來更深入地描述出俱樂部提供的服務。

願景表達

Al Jazira 俱樂部會將中東地區足球俱樂部比賽的成績與場下的表現列入考慮。Al Jazira 俱樂部將會一直參與國內與國際的冠軍賽。

任務陳述

Al Jazira 俱樂部想要成為一個可以凝聚學校兒童、當地的居民與不同的種族團體的一個複合的運動組織。讓居民能夠參與高品質，且是俱樂部核心

的運動。參與高水準的足球運動是相當地重要,因為它在 Abu Dhabi 及 UAE 社區中提供了俱樂部較高的曝光率及信譽。Al Jazira 俱樂部想要成為國際賽的競爭者。俱樂部有許多充滿熱情的人們,而這些人們在運動、商業與教育系統中相當地活躍。它也提供了自身相當強而有力的管理結構,其中包含了在運動事業領域中擔任全職並經過相當認證核可的專業人員。

這些願景與任務的陳述常被俱樂部的執行者用來發起策略構想、組織變革的過程。在這過程中的第一件事情即是與一個擅於變革管理的CEO敲定一個約會。這個人士是變革中的短期領導者,且可以把俱樂部調整成朝向效率發展,而最後能在足球場上與場下都能得到良好的表現。

🏀 運動組織中領導者的挑戰

到目前為止我們已經主要地討論過一般性領導理論與原則,而在運動組織中運用領導理論與在其他非運動組織中是相同的。我們也討論過領導與管理間的關係,以及領導如何來建立願景方向,再朝向目標來激勵與安排人事及架構。在案例 8.3 中顯示出有時候願景的方向從外來支持與協助。然而,基於不同運動組織的特性,對運動組織的領導者而言仍有特別的挑戰。在我們討論的這些特性中,我們將會更深入探討三種運動組織中的管理與領導的挑戰:

⚾ 小型社區運動俱樂部及區域性的運動協會;

⚾ 國家運動組織;

⚾ 國際聯盟與國際運動組織。

以小型社區為基礎的運動俱樂部及以地區為主的運動協會

以小型社區為主的運動俱樂部是由同樣的人所設立及營運,這些是對特定運動擁有熱情的人們及對參與某些形式的組織競賽感到有相當興趣的人。地區性志工協會的結構與大多數的協調社區俱樂部比賽的過程是相當類似的。他們代表了個人性俱樂部的利益。這些大多數的俱樂部與協會都是由志工來

營運,也因此導致較低程度專業化與標準化。這些社區大多位於郊區,因此對擴大社區營運的範圍或發展出更大的營運模式則比較沒有動力。對這些小型俱樂部的領導者與地區性層級的代表來說,主要挑戰是在逐漸減少志工人數與免費服務的環境下繼續營運。

消費者對於服務的期待也逐漸在增加中。俱樂部與協會的領導者需要想像如何將其營運的方式轉變為更加地專業與更具競爭性,但是卻沒有以往這樣多的志工來協助組織。大多數的挑戰在本質上都是策略性及操作性的。今天,俱樂部與協會面對的典型領導問題是:

① 小型的俱樂部可以存活下來嗎?或是他們應該考慮合併或是重新定位?

① 如何保留年輕的會員及最有價值的志工。

① 如何為了支付專業的服務,而為組織吸引新的資源進來?

① 如何保留俱樂部的文化?

國家運動組織(National Sporting Organizations,簡稱 NSOs)

許多國家運動組織已經成功地適應運動新的環境,且準備好面對下一個挑戰。社區或地區性的運動團體、國家管理體系在稀少的資源與服務傳遞下也同樣面臨了消費者更高的期望。比社區組織來得較好的是爭取更多的資源,許多國家級的管理組織藉由聘用受過專業教育的人員來提高專業的程度及服務傳遞的水準。領導者如今面臨逐漸增加的競爭是接納客戶成為政府管理組織的一分子。國家管理組織主要面對的難題是他們只有一個核心產品,那就是運動,而且其只提供了有限策略性的機會來擴大現存的或是新的市場。國家運動組織的領導者也面臨了大眾運動(受歡迎的電視及奧運會運動)與小眾運動間鴻溝加劇的問題。換言之,領導者是需要全民運動或是讓其自然發展或是淘汰。這個問題的答案也影響了 NSOs 的領導者要將其焦點放在何處?把焦點放在大眾運動或是菁英運動?大多數的問題都是策略性的本質。如今國家運動組織所面臨到典型的領導問題是:

⑪ 我們是國家級或是國際性的運動？換言之，你的市場在哪裡？

⑪ 對我們的運動來說什麼是最好的？菁英運動或是大眾的參與？或是兩者間的平衡？

⑪ 透過地區性及當地協會與俱樂部，我們要如何更佳地傳遞我們的服務。

⑪ 我們如何能改變我們的管理系統，為運動市場未來的改變做準備。

國際聯盟（International Federations，簡稱 IFs）與職業運動

國際聯盟（IFs）與職業運動組織（從俱樂部到政府組織）間在規模與結構上有相當多的不同點。這些組織的領導者常常面臨到同樣的問題與挑戰。如果國際聯盟（IFs）已經考慮過他們的市場相關問題，那麼國際聯盟（IFs）與職業運動組織已經能夠回答這樣的問題。NSOs 目前是作為社區與區域性運動組織的領導，而 IFs 正帶領著 NSOs 進行領導方面的挑戰。IFs 與職業運動組織兩者都需要做出願景方面的決定，因為面臨的挑戰迫使他們必須跳出以往營運的界線。世界拳擊聯盟（WWE）必須要決定未來是要在運動或是娛樂的市場營運，Manchester United 及 New York Yankees 正在努力擴大足球與棒球的市場。而足球的世界組織，FIFA，也正嚴謹地考慮是否擴大，而不僅是舉辦一些足球比賽（儘管有些是非常有利潤的）。歐洲的足球組織，UEFA，對於最強健的歐洲俱樂部是否能夠創造一個屬於自己的比賽而感到頭痛，而這樣的話可能會大大減少由 UEFA 所主導，並且利潤極大的 Champion's League。IFs 與職業運動的領導者面臨了真正的挑戰。而這些領導者可能會面對的典型領導問題是：

⑪ 我們是處在運動事業裡或只是一直在與人們的休閒時間競爭？

⑪ 以分配鏈的觀點來看，我們需要運用多少的支配方式？例如，我們需要擁有自己的運動設備與廣播中心或是與其他的擁有者簽訂合約呢？

⑪ 運動、娛樂、休閒的市場在下一個年代將如何發展呢？為了成為與

保持市場中主要的運動員，我們該如何定位自己？

⑪　誰會是未來運動的領導者呢？

總結

在這一章我們談過身為一位領導者需要具備什麼？我們認為不管領導者個人的風格為何，他們皆是以目標取向為主，他們影響、賦權給其他人，同時也需要持續地注意未來的方向，更需要他人的幫忙來達成目標，同時也須具有強烈的個人特質。基於這些領導者基本要素，我們討論過一些領導的理論基礎，包含個人特質、行為、權變型領導，最後是互易型與轉型的領導。在這章的最後一個部分，我們來看看領導者未來將遇到的挑戰。我們藉由強調領導者的基本功能來區分領導者與管理者間的不同。這些功能是願景的創造、制定策略、訂定目標、衡量績效與影響、激勵人們，最後加速變革與涵養組織文化。

複 習 題

1. 領導者是與生俱來的還是需要透過培養呢？比較在這章中不同的領導理論基礎來證實你的答案。

2. 運動是否提供了商業上有價值的領導課題？運動組織中有什麼特別的特性使運動領域的領導者比商業領域的領導者面臨了更大的挑戰？而這樣的訊息如何轉變成非運動領域的內涵？

3. 一個好的管理者是一個好的領導者嗎？你同不同意這樣的觀點？請陳述你的意見。

4. 解釋領導為何對運動組織的績效是很重要的。

5. 與一些小型運動組織的領導者面談。你如何陳述他們的領導風格？

6. 職業運動組織的領導者與社區型運動俱樂部的管理者兩者的領導技巧不同處在哪？

7. 你會用什麼樣的評價標準來衡量運動管理者的領導技巧？

8. 是否有可能比較兩個不同運動管理者的領導績效？為什麼能與為什麼不能？

進 階 讀 物

Bass, B. M. (1990). *Bass & Stogdill'd handbook of leadership: Theory, research, and managerial applications* (3rd ed.). New York: The Free Press.

Kotter, J. P. (1990). *A force for change: How leadership differs from management*. New York: The Free Press.

Locke, E. A. (1991). *The essence of leadership: The four keys to leading successfully*. New York: Lexington Books.

Slack, T. (1997). *Understanding sport organizations: The application of organization theory*. Champion, IL: Human Kinetics.

相 關 網 站

- Olympic Aid (now Right to Play) at http://www.righttoplay.com/
- The Centre for Creative Leadership at http://www.ccl.org/
- The Test Café Leadership Test at http://www.testcafe.com/lead/

第九章
組織文化

本章概要

- 概要
- 何謂組織文化？
- 文化對體育組織的重要性
- 次文化與運動
- 組織文化的分析與管理

- 用繪圖改變組織文化
- 總結
- 複習題
- 進階讀物
- 相關網站

 概要

本章探討組織文化對體育的影響。文中將凸顯它的重要性、驗證它的影響力及說明使用何種方法分析它。本章引用諸多個案與實例，以輔助說明文化在體育組織績效中所扮演的角色。

熟讀本章後，讀者應能：

🏐 定義組織文化；

🏐 說明文化對體育組織的重要性；

🏐 解釋不同背景因素對組織文化的影響；

🏐 確認如何分析組織文化；

指出在各種體育組織文化中可測量的構面；

討論如何改變體育組織文化。

何謂組織文化？

文化一詞最早由人類學者定義為：「群眾所共有之價值觀與信念」。這些學者為了瞭解他們與所處環境間的關係，自訂調查、詮釋、以及翻譯個別團體的行為與社會模式等任務。從組織的觀點來看，Miles（1975）和Pettigrew（1979）等研究者觀察到：「當組織中的人們運用科技並創造運作流程時，作為流程中一部分的他們，大部分的行為是由他們所操作的系統來決定。」換言之，有潛在的力量影響著組織與個人行為。而文化的概念，是對這些力量賦予名稱的一種方式。

組織文化目前尚無一致公認的定義。例如，有一部分人將組織文化視為組織的「個性」，而對其他人而言，組織文化則是使組織獨特的事情。即便如此，有關組織文化仍有一些眾所接受的假設：

⑩ 文化對於容易或迅速的改變，往往是沒有彈性且抗拒的。

⑩ 文化是由組織的環境、歷史及其成員所塑造成形的。

⑩ 文化是組織成員後天習得的及共享的，且文化是反應在共同的理解與信念。

⑩ 文化通常是隱藏的；引發行為的深層價值觀與信念，因不易為組織成員所發現，致使它們難於識別。

⑩ 文化是影響組織及其成員表現之多元方式的呈現。

雖然研究者構思與定義的組織文化存有共同要素，但仍可發現許多不一致與爭論。然而，就本章而言，我們將採學者 Schein（1984, 1997）所倡導的更具精神動力觀（psycho-dynamic）的方式來討論組織文化。他相信文化在某種程度上是一種無意識的現象，且是由深層的假設與信念所驅使，而有意識的觀點，則僅僅是人造物與符號表徵。舉例而言，大部分的運動俱樂部成員

會說，在場上獲得勝利是重要的。而學者 Schein 對組織文化所做的解釋，則傾向於質疑為什麼獲得勝利是重要的？是否真有必要將其歸屬於一個成功的團體、同儕壓力或其他更神祕的解釋？不過，許多參與運動的人們可能會覺得這問題並不難回答，較難的反而是說明推動特殊儀式、慶典、傳說、故事、信念、重要大事及態度的基礎價值。

　　長久以來，大英國協對板球運動就有著莫大的熱情，他們可以一天花費5、6 個小時來完成一場經常以平手結束的比賽。同樣地，對於不了解美式足球的人而言，球隊的攻擊與防禦陣容是由不同球員所組成的情形是非常奇怪的。在澳洲，許多採用澳洲規則的足球俱樂部都有所謂燒烤香腸（sausage-si-zzles）、餡餅之夜（與一種肉餡餅的傳統餐點有關）及一連串與喝啤酒有關的儀式。此外，許多體育組織原本就排滿了重要活動，同時又期待他們的員工在夜間訓練課程與週末比賽時工作。表面上，對於體育組織充滿著濃厚與有意義的文化象徵並不難解釋，但有時那只不過是真正問題的表面徵兆而已。

　　學者 Schein 尋找的不是表面，而是無意識下所秉持之對或錯的基本概念，亦即組織認為正確或錯誤的價值觀。價值觀是組織文化的基礎，它們不只是存在或者透過他們自身的意志所形成而已。相反地，價值觀是在組織成員煞費苦心下，逐漸學習及完成其共有與個別之目標下所建立的（Schein, 1984）。組織的創始者，以及在過去與當今較具權力的組織成員，在確定文化的過程中是最有影響力的。因此，學者 Schein 相信檢視組織中所長期秉持的假設與信念，是更能詮釋組織文化。

　　基於本章的目的，我們將體育組織文化定義如下：

　　體育組織文化係體育組織成員所共有的基本價值觀、信念與態度，而這些基本價值觀、信念與態度將為所有成員訂定行為標準或規範（Ogbonna & Harris, 2002, Pettigrew, 1979; Schein, 1985）。此定義顯示，體育組織有其處理事務方法的觀點，而這些方法則是長久以來逐步形成的。組織文化因此在許多方面有其解決問題的方法。而所謂文化，是指「事情在這裡是如何完成的」與「我們是如何在這裡思考事情的」。文化也就是「洗腦」的一種微妙形式。

個案 9.1 日本相撲協會的文化變遷

其中最具啟發性的文化標記（cultural markers）是永存於運動中的神話與傳說。而在這個世界上，沒有任何一項職業運動比相撲有著更多的神話與傳說。根據日本古代傳說，兩大神明在創造日本島時，就有一場相撲比賽。相撲源自於西元 712 年的一種儀式行為，其目的在奉獻神明，以期豐收。相撲因此成為宮廷生活中的一部分，隨後更變成一種作戰訓練。今日的職業相撲運動，仍有著固定的慶典、儀式、以及嚴格的行為模式。年輕的相撲選手在 15 歲時就進入訓練所（training stables），從清晨 4 時 30 分起開始每日的練習。他們必須努力地增大體型並在嚴密的階級排名中晉升，以期可在每年舉行六場，每場為期 15 天的職業錦標大賽中的任何一場有出色的表現。

然而，今日的相撲正在改變中。就如所有運動一樣，相撲的主管機關—日本相撲協會，也面臨了全球化、社會變革與專業化的壓力。事實上，日本相撲協會是世界上最為孤立的體育組織之一，特別是它主管一項被視為國技的運動。相撲冠軍就是超級巨星，在錦標大賽期間會有超過 60%的家庭觀看，以在美國只有 40%的家庭觀看超級盃決賽來看，這是一個驚人的數字。以往，日本相撲協因其階級制度、神秘、沙文主義、仇視外國人及完全抗拒改變等因素而頗受非議。雖然改變的速度極為緩慢，但部分的價值觀已開始鬆動。

相撲不同於西方世界所深刻了解的武術運動，它仍只是一項日本的運動。在過去的 50 年間，雖然有一些外國參與者試圖推展此項運動到其他國家，但進度緩慢。部分原因是，日本年輕人對足球與高爾夫球等更全球化的運動日益著迷。除此之外，年輕相撲選手的傳統贊助體系也日漸減少。相撲訓練所對於訓練非日本相撲選手的觀念也更加開放。目前，已有來自十數個不同國家的 50 多名外國相撲選手。曾有一名戰績豐碩的夏威夷相撲選手，因相撲協會認為在道德觀感上的不合適，而取消其獲得相撲中的最高級別，也就是深具名望的橫綱（Yokozuna）的資格。然而，目前已有數位非日本籍的相撲選手成為橫綱。

相撲協會正努力地克服其他文化改變的問題。比方說，常有負面消息質疑暗箱操控相撲比賽，亦即官方所稱「沒有精神的（spiritless）」比賽。此外，日本相撲協會為了獲取更高度的認同感，也屈服於開放女性相撲的壓力。由於女子相撲完全是業餘性，因此成立新相撲協會（New Sumo Association），以便將其推廣成未來的奧林匹克運動項目。但是，根據深植在相撲文化中的神道（Shinto）信仰，女性因

有月經週期而被視為不純潔，並不准她們碰觸土俵（相撲比賽場），更別說在土俵內比賽。此項由男性前輩所開啟的傳統，直至今日仍限制著一名女性首長不得在她自己的轄區內，為獲勝者頒發獎金。不過，比較正面的是，日本相撲協會已主動開始禁止在比賽場地內抽煙，並對相撲選手進行脂肪測試，以防止在此項運動中逐漸嚴重的過度肥胖，以及與體重有關的傷害和不健康等問題。

文化對體育組織的重要性

在許多國家，運動被視為是一種特別重要的社交機制已有一段時間了。運動英雄通常也是國家英雄，例如：美國的麥可喬丹（Michael Jordan）與文斯隆巴迪（Vince Lombardi）、英國的羅傑班尼斯特（Roger Bannister）與大衛貝克漢（David Beckham）、日本的長島茂雄（Shigeo Nagashima）與花田勝治（Hanada Katsuji）（相撲力士，若乃花）及澳洲的唐納布萊德曼爵士（Sir Donald Bradman）與伊恩索普（Ian Thorpe）。雖然這些人並不一定是真正能代表國家的運動英雄，但是他們的運動與簡歷卻可說明，國家文化的壓力影響他們所主事的體育組織。舉例來說，上述快速列舉名單中就不包含女性。這是許多體育組織文化中普遍的特性，也是多數組織所要尋求改變的。然而，所謂國家文化的影響，意謂著這樣的改變較可能發生在某一些特定的國家（Hofstede, 1991）。

我們可以預期的是，不同類型的體育組織會有不同類型的文化。舉例而言，職業俱樂部與職業國家聯盟較有可能強調公平的企業價值，而小規模的非營利組織則較有可能重視參與及樂趣。像義大利與西班牙足球俱樂部的一些體育組織，幾乎完全是以獲勝為目標，甚至不惜舉債也要達成。像一級方程式控股公司的其他體育組織，則是握有管理主要賽事的商業權，對於營利以外的其他目的，興趣不高。雖然國際汽車聯盟（Federation Internationale de l'Automobile）試圖控管賽車運動，但像國際奧林匹克委員會的其他組織仍然對發展全球的運動感到興趣。在這樣做時獲得大量金錢，並可充裕地使用這筆錢。

　　體育組織在巨大的壓力下，不得不積極地介入商業世界並採用企業之運作與結構的特色。現代通訊的影響極為深遠，得知海外運動比賽成績的速度，就跟得知國內的一樣迅速。許多體育組織已瞭解到，為了保有競爭力，他們必須提供跟電視運動與許多另類休閒選擇類似的娛樂價值。隨後，職業運動場館設置了成列的團體包廂、運動節目橫掃付費或有線及無線電視、優秀運動員賺取高額的酬金及政客與某些運動隊伍扯上關係等。從當地足球俱樂部、大學與學院到職業聯盟與隊伍，對體育組織所加諸之商業與競爭的壓力，促使運動管理者必須接受像組織文化般的商業手段與概念。文化對體育組織是重要的，因為深入了解文化有助於帶來變革。由於組織文化對其成員的表現深具影響力，所以適當且穩固的文化特性至關重要的。以運動的案例而言，傳統與強烈的歷史責任感所形成的強勢文化是常有的，但像過量飲酒與場上暴力等文化特性，可能不再適合更有承擔的專業管理方法。

　　有關組織文化的評論，雖然研究者所進行的調查各有不同，但通常都只是強調其最表面的意義。再者，組織文化常被視為單一文化；換言之，它是在單一層次的單一實體。組織特色就在於，它是由一個龐大的文化群眾（cultural mass）所均等且遍佈地建立而成的，其內部僅有極少甚至毫無變化傾向。但是，此種論述方法在分析體育組織時，即難以成立。運動俱樂部文化原本就是多元的，因此在不同層次都可以容易地察覺到它或作為多重的實體。舉例而言，作為一個可與其他企業組織相比較之組織或管理單位，一個在方向、目標與傳統可能有所不同的支持組織（例如：贏得比賽勝於創造財務利益）及一個在動機可能因榮耀或金錢而有所差異的比賽單位。雖然參賽者因榮譽或酬勞（或其他任何原因）為俱樂部比賽，但支持者通常會熱情地支持俱樂部的立場與傳統，並僅僅期待場上勝利的回報。

🏀 次文化與運動

　　直接從傳統企業理論中翻譯並採用的文化方式，是體育組織文化所面臨的新障礙。如果單純地認為，體育組織應採用傳統企業的方法與慣例，而不強調其文化差異，是很危險的。雖然移轉企業方法以配合運動俱樂部的組織

策略，但直接移轉是無法處理體育組織與傳統企業在文化差異上的問題。

　　理想的企業文化在嘗試創造財務盈利的過程中，往往反應組織員工的意願，接受一套績效標準，以提升商品與服務的生產過程中的品質。雖然有了企業需求的認知，但此文化意識型態是無法迎合更具多樣化結構的體育組織。任何企業都必須認清財務現實的問題，但在體育事業中，其他行為的變數是需要認可與尊重的。雖然不同企業擁有不同文化，但與個人運動之間的文化差異相比，它們是比較不容易改變的。舉例而言，不能假定所有運動僅有一種單一的文化存在。

　　在運動比賽中，搏鬥就是體育文化變異性的一個例子。強烈推擠幾乎在所有球類比賽中都是非法時，但某些情況下卻是可接受的行為。以官方的規定來看，此情況再清楚不過。足球賽中，明顯的強烈推擠會立即以紅牌判處出場。相反地，強烈推擠在 15 人橄欖球（rugby-union）運動中只會給予球員一個警告，並給予對手一個有利於他們的罰球。足球比賽中，強烈推擠是不可接受的。但在橄欖球賽中，則僅僅是不鼓勵。一樣的行為卻有不同的文化意義。此外，在冰上曲棍球方面，強烈推擠亦被認為是比賽中既有且可接受的一部分。在棒球方面，雖然衝撞投手是不合法的，但若是因被不規則的投球所擊中，則該衝撞幾乎可被視為是符合打擊者的道德權利。試想在溫布頓網球錦標賽或奧古斯塔（Augusta）的第十八球洞出拳打架的結果。因此，運動管理者必須在他們各自的專項運動中，一定要知道文化上的細微差異，以及他們對球員、員工、會員、球迷及一般大眾的影響力。

　　文化也不是一項運動裡面的一個簡單的事件。舉例而言，職業球員有著不同於業餘球員與觀眾的文化態度。此態度的變異性，代表著一種更寬廣卻也更麻煩的領域，亦即是運動世界裡的文化衝突。這種情況最適合在國際的層面上來加以說明。來自不同國家的球員，對於比賽本身與比賽如何進行有著極不同的意識型態。足球這項「世界性的運動」，除了比賽本身具有極大的文化重要性之外，亦是文化衝突的指標。就如現存的所有文化一樣，運動不斷地在改變、具有動態性的本質及受到參與者與觀看者持續地加以重新詮釋的影響。在體育文化裡，唯一明顯的一致性便是對競爭的追逐、獲勝的熱

愛及在勝負之際鼓舞強烈情緒反應的能力。

為了說明運動本身的影響，組織文化的研究確有其必要。舉例而言，我們可能期待會計事務所可以分享一些文化特色，我們也期待柔道俱樂部會這麼做。同樣地，我們期待柔道俱樂部的核心傳統與紀律，可以鼓勵不同於在越野車俱樂部所發現的青春活力與不拘一格思維的文化特性。再者，這些文化特性也可能深植俱樂部執行主管與員工的心裡。由於許多體育組織仍渴望著傳統與過去的成就，因此他們也傾向於抗拒改變。然而，在任何改變發生之前，仍須正確地分析組織文化。

個案 9.2　從表面至深層

薩克斯其萬（Saskatchewan）是加拿大的一省。它的官方運動項目是冰壺（curl-ing）。但如同許多西方社會一樣，它也支持包括體操等各種不同的運動。相反地，美國加州的最大城市－洛杉磯，擁有一些重要的職業運動俱樂部，包括美國國家籃球協會（National Basketball Association）的洛杉磯湖人隊。在本個案研究中，薩克斯其萬省體操（Gymnastics Saskatchewan, GS）與洛杉磯湖人隊之間是有一些組織的文化差異。具體來說，想像在網際網路的公開資料背後，所寓涵更深層的價值觀與文化特性，請讀者瀏覽這兩個組織的各自網站。

Gymnastics Saskatchewan

http://www.gymsask.com/mission.html

Los Angeles Lakers

http://www.nba.com/lakers/

組織文化的分析可以從明顯之處開始。舉例而言，各網站給人的第一印象為何？雖然網站內容會隨時間的改變而改變，但薩克斯其萬體操網站很可能仍將提供一些簡單的基本訊息。雖然只是一個中等規模的體育組織，薩克斯其萬體操仍透過標誌的使用與適當的網頁顏色呈現其專業形象。放在網頁「關於我們（About us）」選單區的照片，是以體操表演與練習之方式來呈現該組織的主要「職責

（Business）」。此網站內容進一步強化運動員發展及參與的強烈取向。這清楚地在「任務（Mission）」的網頁中，有扼要的策略性陳述。其中列舉的價值觀，包括下列各項：

尊重：我們尊重彼此為個體、組織及組織特性。

品質：我們盡個人最大的努力，做好每一件事情。

紀律或倫理：我們遵照組織行為規範準則的高道德標準行事。

承諾：我們信守組織的目標。

團隊合作：我們共同合作，達成組織的目標。

誠實：在所做的每一件事情，我們都得誠實面對自己或他人。

公平或無偏見：做判斷時我們不偏袒，並且平等看待所有人。

　　對照薩克斯其萬體操與洛杉磯湖人隊的網站。洛杉磯湖人隊的網站純粹以商業為導向，既不是治理機構也不是非營利實體。在其首頁裡，盡是比賽與球員的資訊，甚至滑鼠的游標還會自動變換成贊助者的標誌（撰寫本文時，正好為麥當勞的雙拱門標誌）。除了新聞、賽程與球員統計資料之外，瀏覽者還可以購買到種類眾多的商品。網站裡塞滿了各種資訊，並到處可見洛杉磯湖人隊的色彩與標誌。

　　從網站來看，薩克斯其萬體操與洛杉磯湖人隊的組織文化極為不同。薩克斯其萬體操似乎著重在對運動的參與，而湖人隊則是不汗顏地只在乎球場上與財務上的成功（兩者是互為因果的）。

　　上述的觀察摘要構成一項組織的文化分析嗎？絕對不是。若以為我們現在已超越對兩種文化的表面理解程度，那是很危險的。但是，這樣的觀察仍具有啟發性。組織文化的呈現是透過表面與隱微的溝通。兩者反應出驅使組織的一套基本價值。然而，明顯與隱微之間有時候並不相稱。明顯的符號可能隱含著更深層的事實。舉例而言，當速食餐廳說有志於提升健康的問題時，我們很自然地就會質疑。對運動而言也是一樣，從表面現象對組織文化作出假設之前，我們必須非常「警慎」。

🏀 組織文化的分析與管理

　　核心問題是為了掌握文化的概念，以及文化對個人、團體與組織的關係，

因此有必要採取一種有深度的方法。體育組織創造意圖與氛圍,影響人們的行為、日常工作、習慣及思考系統。這些系統與程序隨後形成模式,而模式主要是透過社會化所獲得,或是經過一段時間對其他人的反應與行為所習得而來。基本上,組織內的個人所接觸到的是研究者稱之為「文化啟發」的環境,可能包括其他成員可觀察的行為、他們的組織方法、「人造物(artefacts)」(照片、榮譽榜與展出的紀念物品)和互動溝通的顯著行為,或個人之間交談的方式。這些常有的表面與顯著的組織文化現象,部分列舉於表9.1。這些現象之所以重要,是因為在其背後驅使的價值觀與信念,除了顯著的「表徵」之外,可能永遠也無法被察覺。

表 9.1　體育組織文化的顯著表徵

表徵	解釋
環境	組織的一般環境,如建築物的所在地與地理位置,如城市或在主看台。
人造物	位於組織內的實體,從家具到咖啡機等。
語言	大多數組織成員所使用的一般語句,包括手勢與身體語言。
文件	任何資料,包括報告、說明、推廣資料、備忘錄及溝通用的電子郵件。
標誌	任何象徵性的視覺形象化,包括傳達有關組織意義的顏色與字型。
英雄	目前或以往被視為模範的組織成員。
故事	組織成員所分享的敘述,這些敘述至少部分是真實的事件。
傳說	具有若干歷史基礎,但已經被虛構細節所美化的事件。
儀式	標準化且重複的行為。
典禮	精心製作的、戲劇般的及經過規劃的系列活動。

雖然文化表徵是可以觀察的,但困難處在於如何詮釋他們,因為那只是深層價值的表面現象而已。因此,透過有效的文化分析,才可了解驅使可觀察行為的原因。舉例而言,當員工犯錯被主管嚴厲訓斥,其所代表的意義為何?一般的術語暗示著什麼?為什麼某些儀式是具有代表性的,如員工生日

的慶祝？

　　關於如何將所做的觀察翻譯成更深層價值觀的問題依然存在。大多數學者建議，使用分類系統中某種形式的表格，表格裡以「構面（dimensions）」的形式來描述組織文化，每一構面都有其更深層且核心的價值觀。這些構面反應在特殊的組織特性上，此方式有助於對文化進行分類。所有的組織特性可用來說明組織文化，此方式有助於在不同組織之間進行比較。舉例而言，運動俱樂部以季末頒獎之夜的方式表彰顯著事蹟的作法，可能暗示著該組織的獎賞或激勵價值觀的特性。足夠的顯著事蹟可使運動管理者針對各個構面做出嘗試性的結論。表 9.2 列舉敘述組織文化的常用構面。這些構面可視為連續體，而組織則位於兩側極端之間的某處。

　　任何有關組織文化複雜性的分析，都可能很難切割組織歷史與個人關係之間的混雜情形，結果導致難以建立具體的結論。因此，必須利用神話、儀式以及體育組織的許多慶典所創造的象徵主義，以便充分理解複雜組織內的各種人類行為。至於傳統、民間傳說、神話、戲劇及過去的成功與創傷，則是一起編織組織文化這塊布料的線。

　　心理學的方法有助於鑑定與詮釋組織中被稱為文化現象的人類行為。心理學家根據學者 Carl Jung 的研究認為，行為意識有不同的層次，從有意識到無意識。組織心理學家已經挪用了這種思考方式，並將其應用在文化上。主要相似處是，一個組織就像是一種想法。

　　由心理學的觀點來看，體育組織具有相當明顯意見的特質，跟個人想法中有意識的部分是一樣的。這些特質包括自然環境、官方公開聲明、個體互動溝通的方式、語言的使用形式、所穿服飾及佈滿在房間與辦公室的紀念物品。另一項重要的特質是，運動英雄的地位。他們是被追尋的高文化內涵與高能見度的文化指標。英雄對組織文化有深刻的了解，是因為民眾與有權力的捐客選擇他們。他們象徵著廣大民眾所尊重與仰慕的個人特質。英雄是體育組織裡強而有力的人物，他可能同時是一個員工也是前運動員。英雄也可能具有描述企業的特性，如有魅力的、似企業家的或只是單純行政的。藉由了解英雄人物過去與現在的定位後，就有可能繪製文化變遷的趨勢圖。英雄

可以是既反動又進步的。增強主流文化的英雄，將不會改變文化中所強調的
價值觀與態度。另一方面，選擇超越並改造主流文化的英雄，將會是改變俱
樂部行為與價值觀的催化劑。對於成功的變革管理，英雄往往是最強而有力
的媒介。

表 9.2　文化構面

構面	作者	特性
穩定性／可變性	Cooke & Szumal, 1993; Quinn & Rohrbaugh, 1983	傾向於變革：組織鼓勵另一種「做事的方式」或現有方式的程度。
合作／衝突	Denison & Mishra, 1995; Hofstede, 2001; Schein, 1997	傾向於問題解決：組織鼓勵合作或衝突的程度。
目標焦點／導向	Sashkin, 1996; Van der Post & de Coning, 1997	目標與績效預期的釐清與性質。
報酬／動機	Bettinger, 1989; Robbins, 1990	組織成員報酬導向的性質：組織鼓勵年資或績效的程度。
控制／權力	Sashkin, 1996; Schein, 1997	組織成員責任、自由與獨立的性質與程度。
時間／規劃	Hofstede, Neuijen, Ohayv & Sanders, 1990; Van der Post & de Coning, 1997	傾向於長期規劃：組織鼓勵短期或長期思考的程度。

資料來源：Reproduced from: Smith , A. & Shilbury, D. (2004). Mapping Cultural Dimensions in Australian Sporting Organizations, *Sport Management Review*, 7(2); 133-165.

　　傳統是進入組織文化的另一扇窗口。和英雄一樣，傳統透過大事紀是很
容易觀察得知的，但重要的是，必須注意到賦予英雄與傳統意義的基本價值

觀與假設，是存在於文化的較深層次。文化可能一方面由現有的文化認知所保存，另一方面，體育組織可能也已開發出一種當代的文化性格。因此，承認傳統與歷史對體育組織的重要性是有所助益的，因為它或許就是文化的關鍵，或是讓文化特性自我呈現的踏腳石。

　　為了跨越阻止文化評估的障礙（以刻板觀點與表面徵兆的形式），分析與探討文化之自然且顯著的出現是必要的，亦即是揭露文化認知的地方。藉由分析這些遺址，即有可能實際了解組織的潛在文化。因此，這一個層次是關於組織的儀式，因為他們的表現是清楚可見的，其次，當儀式進行時，組織員工通常都會使用其他的文化表達形式，例如：某些特定的慣用語或術語、手勢及人造物。有著共同認知的此類儀式，另外透過傳說、英雄事蹟、傳說或其他有關活動的故事來傳達，並且實際上也可以採用燒烤（barbecues）或演出等方式。為了積極地評估此一層次的文化，不僅要使用觀察的技術，也要了解其所附帶的意義。這需要的不僅只是表面層次的分析而已。

　　組織中也有「無意識」的部分。事實上，正是無意識的部分控制了個體。這部分包括體育組織中普遍存在的信念、習慣、價值觀、行為與態度。此一文化層次的正確評估，不僅困難也充滿危險。舉例而言，員工如何說他們的表現和什麼是他們的信念，都必須和他們的實際行為相互比較。

　　需要提醒的是，相同事蹟也可能有不同詮釋的事實。舉例而言，當成員所面臨的問題要解決時，專注於組織政策與作法的一致性，是一種觀察文化的方式。相反地，考慮行為中的模稜兩可與不一致性，也是有效的方式。這些異常現象，通常象徵著信奉的價值觀與實際的價值觀之間的差異。文化的表現形式可以用多重方式予以詮釋，也會因時間與地點而改變。誠如學者Schein 所建議，重要的是找尋模式與異常。

用繪圖改變組織文化

　　文化理解源自於成功地把資訊（information）翻譯成意義（meaning）。體育組織在各方面都是以其文化中某個方式所呈現的象徵性表徵。所有的資訊都是不相等的，但是，所有可能的資料仍須加以分析，以便建立可能是現

有文化中最完整的表徵。為使文化得以創建與穩固，共同的價值觀與信念必須以特定方式加以強化，並透過有形的方式移轉給組織成員。個案 9.3 敘述傳達文化資訊的類型，也是繪製運動俱樂部組織文化地圖的一個有用的工具。此個案說明法拉利一級方程式賽車隊的特徵。文化地圖概述體育組織文化的優勢特徵，並提供可將原始資料詮釋成可測量標準的方法。文化地圖的作用在於提供經過彙總與歸納的各類資訊，以便找出逐漸顯現的主題。部分學者相信，此方法也適用於一種比較統計化的形式，亦即是組織成員回應各構面問題所附屬的一些相關數字（例如：Howard, 1998）。

個案 9.3　法拉利一級方程式的文化地圖

2004 年之前（含 2004 年），法拉利一級方程式車隊已取得令人矚目的成就，包括六次車隊與連續五次車手的冠軍。此車隊還可能成為有史以來最傑出運動團隊的角逐者。在長期表現不佳之後，由法拉利總裁兼執行長 Luna di Montezemolo、車隊經理 Jean Todt、車隊隊長 Michael Schumacher、設計經理 Ross Brawn、以及工程經理 Rory Byrne 所領導的車隊，從 1990 年代中期起開始進行巨大的文化變革。

雖然一種真正有見地的文化分析需要長期接觸一個組織，但下列有關法拉利一級方程式車隊的假設性地圖（hypothetical map），創造一份組織文化的初步寫照。應切記的是，一張完善的地圖裡，在標題「證據顯示」之下的各項變數必須包含詳細的資料。整體而言，地圖中的所有資訊，即可繪出一張組織的文化特性圖。在此一簡要地圖中所建議的文化特性種類，其考慮可能不同於在個案 9.1 所描述之日本相撲協會中所想像的種類。

文化的構面與變數	證據顯示
構面一：變革	
1. 準備變革	高度
2. 變革的歷史	低度
3. 變革的方法	迅速
4. 變革的形式	轉換
5. 執行長態度的變革	強烈關注
6. 員工態度的變革	一般為正面

7.董事會態度的變革	無法得知
8.變革的過程	策略性再聚焦後的結構性變革
9.支持者/成員對變革的反應	非常正面
10.組織的財務狀況	極佳
11.組織的預算	同級組織中最多（3億美元）
12.人力資源	是的－部門
13.員工年齡	年輕，但有經驗
14.員工流動率	中等（高度壓力）

構面二：競爭者

1.組織對競爭的認知	尊重
2.易於辨識組織的競爭者	是

構面三：客戶

1.組織支持者/成員認定的客戶？	是
2.主要收入來源	間接來自車迷
3.支持者基地	全球，主要在歐洲
4.組織的焦點	商業

構面四：決策

1.決策程序	迅速且不集權
2.營運中董事會成員的參與	無
3.組織對董事會參與的認知	無法得知
4.控管單位的參與	尊重國際賽車總會的嚴格規章
5.競爭者的員工背景	部分，但主要是經過職業訓練者
6.競爭者的董事會背景	無
7.專業的董事會成員	有

構面五：目標

1.服務導向	是
2.目標導向－財務性？	獲勝
會員資格？場上成功？	
參與？	

構面六：英雄

1.場上英雄	是（Schumacher）
2.場下英雄	是（Todt）
3.英雄的特性	活躍，成功

4.組織對過往英雄的肯定	強烈
5.組織在推動時對英雄的運用	適度
6.以英雄為模範的民眾認知	強烈

構面七：歷史與傳統

1.組織內部對歷史與傳統的正式認可	非常強烈，特別是 Enzo Ferrari
2.運動／運動員檔案的維護	有
3.運動／俱樂部成功的認知	高度
4.成功對組織的財務影響	非常大的影響
5.組織的年齡	適中（接近一個世紀）
6.組織對傳統的認同	有彈性

構面八：風險

| 1.組織的風險處理方法 | 高風險 |

構面九：儀式

| 1.組織對成就的表揚 | 規律且強烈 |
| 2.勝利／失敗後的辦公室氣氛 | 順從，但不壓抑 |

構面十：表徵

1.重要大事的定位	重要
2.重要大事的組織價值	高
3.員工穿著制服	是
4.員工服裝要求	是
5.員工外表	潔淨

構面十一：價值

1.員工每週工作超過 40 小時	遠超過
2.員工動機	與金錢有關，但職員主要是被運動與公司的熱情所激勵
3.組織的性別歧視	強烈偏向男性
4.組織對績效考核的使用	強烈
5.員工具體工作說明書的提供	是
6.目前平均的員工工作時間	不確定，但因壓力及旅行的關係，在低階與中階的職位較短
7.員工的運動參與背景	有，以某種形式的賽車運動
8.特定員工的績效評量	有，各方面的績效都有完整的評量
9.辦公室氣氛	據稱有高昂士氣且在工作倫理上有高壓力

*10.*員工職責	固定
*11.*員工監督	直線呈報
*12.*組織志工的使用	無
*13.*組織對志工的肯定	無法得知
*14.*員工在營業時間外工作	經常
*15.*員工手冊的提供	有，職前培訓制度
*16.*女性資深管理職位	無
*17.*員工與組織的關係	堅固

構面十二：規模

*1.*員工數	超過 800 人
*2.*會員數	全球預估有數百萬的車迷團體

資料來源：Dimensions adapted from: Smith, A. & Shilbury, D. (2004). Mapping Cultural Dimensions in Australian Sporting Organizations, *Sport Management Review*, 7(2); 133-165

　　雖然可供文化分析的資訊範圍與多樣性是有深度的，但許多文化研究卻忽略了最明顯且容易取得的資料。完整的文化分析應儘可能採用所有可得的資訊，當再搭配上較為顯著的要素後，即可成為傳達較不具形式但更為主觀之文化事實的媒介。然而，即便有許多可提供四個象限（quadrants）或區域（divisions）的模式，任何一個體育組織的文化都無法被分類為僅有一些種類當中的一種（例如：Goffee & Jones, 1996）。有多少種組織文化就有多少種體育組織，他們無法簡單地被分類成固定數量的團體之一。運動俱樂部沉浸於傳統、歷史、價值觀與神話之中，並且這些要素應該在任何一種分析中顯現。由一次準確的文化分析來看，改變是可能的。

　　文化改變的主要課題是，它無法在未事先了解組織的主要文化特性與它們是如何顯現之前就處理。一旦已進行正確的分析，透過某種正式或非正式文化地圖的形式，即可掌握文化的要素。因為運動管理者無法確實地改變人們的想法，他們反而必須改變人們的行為。某種程度上，這可能是被強加或鼓勵的，但過程卻是緩慢的。舉例而言，可推出新的儀式來取代舊的或較不為喜歡的，就像用一份俱樂部晚餐來取代狂飲作樂。確立的價值觀與信念可能難以改變，即使有了新的象徵、語言、英雄、故事與員工的正確介紹，一個組織在文化上真實改變，可能需要一個世代的成員才能掌握。

總結

　　運動管理的世界裡，組織文化有助於評估與管理績效已成為重要的概念。體育組織文化係體育組織成員所共有的基本價值觀、信念與態度，而這些基本價值觀、信念與態度將為所有成員訂定行為標準或規範。然而，困難之處在於組織成員中所共有的深層價值觀不易評估。為了處理這個問題，運動管理者可採用文化構面所建議的一些當前可能的價值觀。更進一步，文化地圖顯示文化的變數與顯著事證是需要調查的。這些地圖使用文化冰山（文化的可接觸面，例如：表徵與人造物）的提示，評估冰山的水下組成（亦即組織成員的深層價值觀與信念）。一旦完成徹底的分析，運動管理者便能夠對於適應與替換不受歡迎的文化特性而努力。

複習題

1. 什麼是組織文化與國家文化的差異？

2. 為什麼組織文化對運動管理者是重要的？

3. 解釋組織文化如何顯現在不同的層次？

4. 敘述文化的表面要素與深層要素之間的差異。

5. 什麼是文化構面？

6. 如何測量體育組織的組織文化？

7. 測量組織文化如何幫助組織文化作改變？

8. 選定一個你目前或曾經加入過的體育組織。列舉你認為能體現其組織文化的特性或價值觀。哪些特性可以區別該體育組織和其他類似的體育組織？

9. 選定一個你目前或曾經加入過的體育組織。敘述 10 項在該場地所展示之人造物，並解釋每一項人造物是如何說明其組織文化。

10. 與一個同事或小組，選定一個從不曾聽過的體育組織網站。根據該網站的內容，列舉從表面至深層的組織文化特性。

進 階 讀 物

Colyer, S. (2000). Organizational culture in selected Western Australian sport organizations. *Journal of Sport Management*, 14, 321-341.

Hofstede, G. (2001). *Culture's Consequences: Comparing Values, Behaviors, Institutions and Organizations across Nations*. Thousand Oaks, CA: Sage.

Schein, E. (1997). *Organizational Culture and Leadership* (3rd edn). San Francisco: Jossey-Bass.

Van der Post, W. & de Coning, T. (1997). An instrument to measure organizational culture. *South African Journal of Business Management*, 28(4), 147-169.

相 關 網 站

若需更詳細有關體育組織文化的資訊，可參考下列網站：

🌀　Measures of Organizational Culture at

　　http://www.uwec.edu/Sampsow/Measures/Culture.htm

🌀　Organizational Culture Links at

　　http://www.new-paradigm.co.uk/Culture.htm

🌀　Organizational Culture & Leadership - Edgar Schein at

　　http://www.tnellen.com/ted/tc/schein .html

第十章

運動治理

本章概要

- 概要
- 何謂治理？
- 公司與非營利治理
- 有運動治理的理論嗎？
- 治理結構要素
- 治理模式
- 董事會與職員的關係

- 良好的組織治理原則
- 董事會績效
- 治理變化的驅動力
- 總結
- 複習題
- 進階讀物
- 相關網站

概要

　　本章複習組織治理的核心概念、舉例說明體育組織治理的特性及總結體育組織治理的主要研究結果。本章亦為社區、州立、國立及職業體育組織的治理，提供簡要的原則。

　　熟讀本章之後，讀者應能：

> 識別公司與非營利體育組織治理的獨特性；
>
> 區別體育組織相關治理的各類模式與理論；
>
> 了解董事會、職員、志工、會員與利害相關團體在治理體育組織過程中所扮演的角色；

> ◎　了解管理者與志工在體育組織治理中所面臨的挑戰；
>
> ◎　識別與了解體育組織內治理機制改變的驅動力。

🏀 何謂治理？

組織治理是有關組織內部的權力行使，並提供在管控組織要素方面所依據的機制。為使民族國家、公司、社會、協會與體育組織能夠適當且有效地運作，治理是必要的。組織治理機制不僅提供管控組織業務的架構，並有助於提供市場經濟正常運作所需的信心（OECD, 2004, p.11）。治理是處理組織績效提升之政策與方向的議題，而非日常的營運管理決策。

學者 Tricker（1984）提出「假使管理是關乎公司營運，那麼治理則是關乎正常運作」時（p.7），就強調治理及其隱含的影響力對組織績效的重要性。澳洲運動委員會（Australian Sports Commission, ASC）將治理定義為：「組織用以發展策略目標與方向、監控目標績效及確保董事會行事符合會員最佳利益的架構與程序」（ASC, 2004）。良好的組織治理應能確保董事會與管理階層致力於達成組織及其成員利益的成果，並有效地監控取得成果的方法。

1997年，向澳洲休閒與運動常務委員會（Standing Committee on Recreation and Sport, SCORS）提交的一份在運動社區中受到相當關注的報告中指出，國立與州立體育組織的董事會及委員會缺乏效能（SCORS Working Party on Management Improvement, 1997, p.10）。英國、紐西蘭與加拿大的主要運動經紀公司也提到，改善體育組織治理為策略性的重點。如同 2003 年的澳洲足球協會（Australian Soccer Association）與 2004 年的澳洲田徑（Athletics Australia）等國家體育組織治理的失敗經驗，以及倫敦大學足球治理研究中心（Football Governance Research Centre, FGRC）所主導的職業運動治理評論，皆持續強調發展與實現優秀的治理常規對於業餘和職業體育組織的重要性。

公司與非營利治理

組織治理的文獻，可分成兩個廣泛的領域：(1)公司治理：保障與提升股東利益的營利公司治理；(2)非營利治理：志願性組織的治理，主要是尋求提供社區服務，或促進個人對社會、藝術或體育活動的參與。

公司治理的研究涵蓋了董事會與其董事的觀念、理論與實踐，以及董事會與股東、高階管理部門、管理者與稽核員、其他利害相關者之間的關係（Tricker, 1993, p.2）。此一領域的文獻著重於董事會的兩個主要角色：確保管理的一致性與提升組織的績效。一致性係處理董事會對管理者工作之督導的程序與確保有適當的責任措施保護股東利益。提升組織的績效則是致力於策略與政策的發展，以創造管理者未來工作的方向與環境。

非營利組織的獨特性要求一種有別於企業公司的治理架構。非營利組織的存在理由不同於營利個體，在其決策的架構和過程中，通常涉及了許多利害相關者。因此，決策者和治理架構之間的關係將不同於企業界。執行組織任務的管理流程可能都很相似，但是在他們的治理架構中發現，非營利與公司組織之間有根本性的差異。

雖然許多的體育組織，像是體育用品的主要製造商、運動經紀公司、零售公司和場館等，被歸類為營利事業，但提供參與和比賽機會的大多數體育組織卻是非營利的，這些組織包括有大型俱樂部、區域協會或聯盟、州立或省立的主管機關及國立的體育組織。

有運動治理的理論嗎？

學者 Clarke（2004）提出公司治理理論發展的獨特概要。適用於組織治理研究的一些重要理論包括有，代理理論（agency theory）、管理理論（stewardship theory）、制度理論（institutional theory）、資源依賴理論（resource dependent theory）、網路理論（network theory）及利害相關者理論（stakeholder theory）。本節將依序檢視上述理論，並評論它們之間的相關程

度，以理解體育組織的治理。

代理理論主張，組織經營的決策應以保障股東利益為前提。組織所指派的管理者（代理人）應該受廣泛的制約和平衡，才可降低管理不善或威脅股東利益不當行為的可能性。這是一直以來主導公司治理研究的主要理論方法，而且已把重心集中在探討使管理行動的公司控制以及股東與勞方所須訊息達到最大限度的最佳方法，以便提供管理者將來謀求股東最大財富與降低風險結果的保證。關於在運動產業界擁有個人、法人和政府股東的營運公司，此一理論有助於解釋治理機制的運作。對於組織內有著沒有金融股份的各種利害相關者（除了會員年費之外）的大多數非營利體育組織而言，代理理論的應用是有限的。

管理理論的觀點不同於代理理論。它主張不可假定管理者只是設法謀求委託人的最大福祉而已，管理者的作為仍受成就、責任、賞識和對權威的尊敬等其他概念的激勵。因此，管理理論主張管理者和股東的利益是密切結合的，且管理者（代理人）的行動將以股東的最大利益為依歸。此理論觀點也可適用於運動相關產業，如耐吉（Nike）、福斯運動（FoxSports）或登記上市的職業足球俱樂部特許經銷權。代理理論或管理理論的應用取決於管理者（選擇作為代理人或管理人的人）的行動與股東（透過他們的治理架構的有意識選擇，建立代理人或管理人的職務關係的人）的意見。管理理論可以說比代理理論更適用於非營利體育組織的研究。非營利體育組織的管理者可能是前運動員、教練或俱樂部官員，所以對組織有更深的責任感，並且更可能擔任管理者。

代理理論與管理理論皆強調治理內部的監控問題。三個尋求解釋組織如何與外部組織互動並取得稀有資源的理論是制度理論、資源依賴理論與網路理論。制度理論主張，組織所使用的治理架構是堅持商業常規的外部壓力的結果，包括公司的法律需求。對於妥善的治理機制，這種壓力反應了廣泛的社會關注。再者，如果所有相似類型和大小的組織試圖符合這些壓力，他們就可能採用非常相似的治理架構，此一現象稱之為制度趨同主義（institutional isomorphism）。這個證據明顯遍及以俱樂部為基礎的運動體系，例如：加拿

大、澳洲、紐西蘭與英國。在這些國家中,大多數國立與州立或省立的體育組織都在極相似的治理架構下運作。

　　資源依賴理論主張,我們必須清楚組織與環境的相互關係,才能了解組織的行為。組織反常地追求資源交換過程中的穩定性和確定性,乃藉由在靈活性及自主性上有所退讓,來換取比其他組織有更大的掌控參與跨組織的安排。跨組織的安排採取合併、合資、籠絡吸納(包括在組織領導和決策過程中的局外人)、成長、政治參與或限制資訊的傳播等形式(Pfeffer & Salancik, 1978)。這樣的安排對於採用的治理結構、利害相關者參與決策的程度及決策透明化有所影響。

　　最後一個試圖解釋組織如何與外圍組織互動的治理要素的理論是網路理論。網路理論主張,除法律合約之外,組織亦簽訂具有社會約束力的合約,履行各項服務。這樣的安排在組織間建立了一定程度的相互依存性,並加速組織間非正式溝通的發展和資源的流動。這種情況對於像是藉由取得高知名度運動員的支持、使用其他組織的大量志工及依賴政府對申辦賽事的體育場發展的支持等體育組織而言特別地真實。網路理論有助於解釋治理結構與程序的發展是如何逐步促進這樣非正式的安排,尤其是關於體育組織的董事會。

　　這三個理論均強調,檢視組織面臨外在壓力的治理,以及用以管理他們的策略、架構與流程的必要性。與代理理論和管理理論比較,這樣的方法對於組織如何與為什麼有特殊的治理架構,提供了更為實際的看法。

　　利害相關者理論提出另一種觀點,檢視組織及其利害相關者之間的關係。它主張將公司概念化為一系列治理架構所必須交待的關係與責任。這對於作為良好企業公民的公司有重要的意涵,特別是需要處理與贊助者、經費贊助機構、會員、附屬機構、職員、董事會成員、比賽會場、政府機構及供應商等之間複雜關係的體育組織。

　　許多組織治理方面的著作和研究,著重於公司而不是非營利組織。若要將特別的理論應用在體育組織的研究,就必須根據體育組織的類型與產業背景來執行。體育組織及其治理架構有不同的要素,以防止一種在運動治理方面可支配一切的理論發展。此處所提出各項理論的重要性是,各理論皆可用

來說明體育組織若干的治理假設、流程、架構與結果。

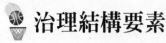

治理結構要素

公司或營利體育組織的治理要素，對任何一般的企業營運都是相同的。這些要素包括專職人員，例如：在董事會可能有或無投票權的執行長、代表眾多利害相關者利益的董事會（就公開上市公司而言）或是商業上有直接合夥關係的董事。在志願性體育組織裡，可以發現治理要素的真正差別。

圖 10.1 是簡單的國際志工訓練組織（Voluntary Service Overseas, VSO）治理結構。會員通常在每年定期舉辦一次的委員會，選舉或指定人選給董事會。假使公司規模夠大，董事會可以雇用主管和專職人員，執行組織的任務。員工偕同志工，一起為組織會員服務。董事會是組織主要決策機構，所以會務的品質對於組織的成功是極其重要的。

國際志工訓練組織的會員，可能是球員、運動員、或有些情況被歸類為其他附屬組織的會員，如參與區域性體育協會聯盟賽事的俱樂部。會員也可能是商業設施的供應商，如籃球、壁球或室內足球場。會員資格委員會是由已註冊為會員的人或組織所構成的。委員會可根據會員的資格來分派他們的投票權。董事會則是由被選舉、指派或邀請的個人所組成，以期在決策過程中代表不同會員類別、地理區域或運動項目的利益。董事會所聘僱的資深專職人員，通常可指定執行長人選，並直接向董事會報告。執行長則指派其他

的專職人員，協助處理各式各樣的組織任務。這些職員必須和各類型的運動志工一起工作，提供像教練輔導、球員與裁判的發展、行銷、運動發展及活動推行等必要的服務。最後，必須與贊助者、資助機構、會員、附屬機構、職員、董事會成員、場館、政府機構及供應商等範圍廣泛的各類利害相關者商議並管理好他們，才能讓組織最佳地運作。

提供俱樂部運動體系參與及競賽機會的多數國立與州立或省立體育組織，是由任職於委員會或董事會的當選幹事所志願管理。大部分的國際志工訓練組織是在聯邦的代表系統下，以俱樂部代表組成區域董事會、以區域代表組成州立或省立董事會及以州立或省立代表組成全國性董事會等方式運作。

此一傳統的治理結構被批評為笨拙且麻煩的、對市場變化反應緩慢、代表之間易遭受破壞政治或權力遊戲的影響，以及對希望有所改變的組織加以嚴著地限制。另一方面，多數體育組織現今仍然沿用此一模式，並評估它是否能確保會員在決策與各組織階層決議與自主權的徹底透明化上有發言權。

個案 10.1　加拿大曲棍球協會

加拿大曲棍球協會（Hockey Canada）是加拿大業餘曲棍球唯一的主管機關。超過 450 萬的加拿大人與此機構有關，例如：球員、教練、裁判、訓練員、行政人員或志工。加拿大曲棍球協會雇用 75 位職員，並在多數的加拿大省份都設有辦公室。附屬於加拿大曲棍球協會的組織包括有 13 個分會、加拿大曲棍球聯盟（Canadian Hocky League）與加拿大大學校際體育（Canadian Inter-University Sport）。加拿大曲棍球協會結合這些會員組織，透過球員、教練與裁判發展、競賽分級、以及加拿大業餘曲棍球法規的建立等行動，共同促進參與業餘曲棍球聯盟、球隊與比賽。加拿大曲棍球協會的治理結構，反應出這些行動的性質，並吸納不同的決策團體，以確保有關全國性的組織在策略規畫和資源分配上，考慮到所有利害相關者的利益。一份長達 185 頁有關加拿大曲棍球協會法令條款的文件中，詳細列出協會會員的權利與責任，以及治理業務的流程。關於治理結構的內容，可至 http://www.hockeycanada.ca/e/about/structure.html 網站查詢。

一個值得注意的重要結構要素是，由 8 位官員、13 位分會會長、8 位委員會代表和理事及 5 位特別諮詢委員會會員所組成的大型董事會。每個職位代表著加拿大

曲棍球協會內一個特定的組成團體。另外，由代表區域附屬機構或會籍類別（如教練、裁判）特定利益的 24 個人所組成的曲棍球發展委員會，直接向董事會提呈報告。董事會下設有 5 個政策小組委員會，處理菁英競爭、婦女計畫、政策發展、卓越計畫及青少發展等方面的問題。最後，有 10 個常設小組委員會向董事會報告有關保險、行銷、金融、管理及其他業務的問題。這似乎是一種非常繁瑣的方式來管理相對簡單的活動事務，如冰上曲棍球比賽的推展，但由於組成成員涉及的規模與地理分佈廣泛，需要加拿大曲棍球協會維持一個全面性的治理結構，以促進在 450 萬參與者中作決策與溝通。

資料來源：Hockey Canada (website www.hockeycanada.ca) and Hockey Canada (2004). *Annual Report 2004*. Calgary, CA.

🏀 治理模式

　　一般應用於非營利體育組織的治理模式有三種：學者 Houle（1960, 1997）概述的傳統模式、學者 Carver 的政策治理模式（1997）及行政主導模式（after Block, 1998; Drucker, 1990; Herman & Heimovics, 1990, 1994）。治理模式可定義為：一系列的政策與實務，用以說明不同治理要素的責任與執行治理功能的程序。下列所有的模式與雇用專職主管及職員的董事會所治理的組織有關，而不是維持集體且非正式結構的更非正式組織。這些模式更切合組織，因為董事會事必躬親的組織（如小社區俱樂部），容易受到品格與特殊環境強烈的影響，導致一般性質或有關如何改進等問題難以被普遍化。

傳統模式

　　學者 Houle（1960, 1997）概述以五種要素為基礎的非營利體育組織的傳統模式。第一個要素是，董事會的人力資源潛能。董事會要能確保在會員開發過程中，有一套適當系統化的招聘程序。第二個要素是，董事會的結構化任務。任務的結構化是依據一套明定的章程與政策，以及董事會與委員會會議的歷次會議紀錄。第三個要素是，董事會、主管與職員之間的角色和關係。

充分地界定與發展他們之間的角色和關係，才能產生明確的決策。第四個要素是，董事會的運作。運作應該是在一個正面的群體文化下進行，並以年度工作計畫、詳細議程的定期會議，以及對董事會及其任務的持續評估為基礎。最後一個要素是，董事會對外關係的維繫。董事會致力於對外關係的維繫，係透過組織對社區作正式與分正式的表達。此模式主張職員執行任務、管理部門執行管理、以及董事會負責決策。在傳統模式中，董事會才是組織真正的負責單位（Fletcher, 1999, p. 435）。

此一模式已廣泛地使用在非營利組織，而其中最廣泛使用者可能就是非營利的體育組織。它很清楚地區分職員和志工之間的任務，並強調志願的董事會成員須對組織負責。此模式遭受批評係因主張，董事會應獨自承擔組織成敗最終責任的理想化觀點（Heimovics & Herman, 1990），以及當職員無法反應多數非營利組織中所發生的工作關係現況時，董事會決策的過度單純化想法（Herman & Heimovics, 1990）。

政策治理模式

學者 Carver（1997）為有效治理的董事會，概述政策治理模式的五個要素。第一個要素是，決定組織的任務與策略方向。它強調的是預期結果，而非在意於達成方法的細節。第二個要素是，針對職員為達成董事會交辦任務所使用的工作實務與方法，設定行政限制。第三個要素是，建立明確的董事會與主管的角色與關係。第四個要素是，確保清楚地定義治理程序，如董事會成員的選擇與接替、董事會與職員的業務報告，以及董事會致力於組織的政策，而非個案或特別的議題。最後一個要素是，董事會的角色不僅是確保財務程序與倫理管理實務的一致性，它也應該發展與策略性結果有關的明確績效評量。

如同傳統模式一樣，學者 Carver 的模式也因為過於理想化的董事會觀點而遭受批評，該模式是在董事會與主管的混亂關係上運作，而這種情形確實存在於非營利組織之中（Fletcher, 1999, p.436）。此一模式也沒有說明董事會在處理對外關係上的重要角色，同時它清楚地將執行長隸屬於董事會之下，

希望董事會能單獨地設定關係的界限（Fletcher, 1999, p.436）。

行政主導模式

　　與先前的模式比較，行政主導模式主張行政部門是非營利組織成功的核心。學者Drucker（1990）認為，非營利組織績效及其治理的最終責任應該屬於行政部門。學者 Herman 和 Heimovics（1990）的研究發現，多數的董事會幾乎只有仰賴行政部門提供資訊，並期待行政部門發揮領導作用。此一事實，支持了學者 Drucker 的論點。學者 Hoye 和 Cuskelly（2003）認為，這也是在國際志工訓練組織的情況。而學者Block（1998）則主張，因為行政部門在組織內的工作要比一般董事會成員的工作多得多，所以他們更容易取得所需的資訊。因此，他們也必須是領導與決策的核心（p.107）。

董事會與職員的關係

　　過去 20 年來，國際志工訓練組織對於專業職員的逐步引進，已經創造出志工和專職人員在各階層一起工作的需求，包括董事會。這也導致每個團體所應扮演的各種角色，以及職員與志工在策略計畫、政策發展、績效評價與資源取得的參與程度上，有了某種程度的不確定性。當他們為自身的角色談判時，團體之間的潛在緊張即已形成，因為志工有持續的渴望在某種程度上參與決策，同時卻也利用專職人員的專業，協助經營他們的組織。這就是董事會與職員之間關係的難題：哪些方面是志工所能掌控的，以及哪一個方面是專職人員所能掌控的？

　　學者 Hoye 和 Cuskelly（2003）發現，假使國際志工訓練組織的董事會與職員之間存在著一定程度的信任，以及董事會是由董事會主席、行政部門與少數資深董事會成員的優勢結合所共同領導時，董事會的表現會比較好。如前所述，行政部門管制董事會成員的資訊流通，因此資訊的品質、頻率與精確度，對於他們的決策能力至關重要。確保董事會與行政部門有效率地一起工作，就能提升資訊流通，進而董事會績效。

良好的組織治理原則

什麼是構成良好組織治理的構想，超出本章早先所討論，監控以確保一致性與發展以改進績效的構想。學者 Henry 和 Lee（2004）提出良好的體育組織治理的七項關鍵原則：

- ⑩ **透明（Transparency）**：確保組織的資源分配、報表與決策有清楚的流程；
- ⑩ **課責（Accountability）**：體育組織需要對所有的利害相關者負責；
- ⑩ **民主（Democracy）**：所有利害相關團體都應該有代表參與在治理結構裡；
- ⑩ **責任（Responsibility）**：董事會必須對組織負責並展現在完成責任時道德的管理職責；
- ⑩ **公平（Equity）**：所有的利害相關團體都應該被公平對待；
- ⑩ **效率（Efficiency）**：流程的改進確保組織充分利用它的資源；
- ⑩ **效能（Effectiveness）**：董事會應該以策略性的態度建立與監督績效評量。

上述原則雖然不夠詳盡，但確實給我們在設計與執行適當的治理架構時，組織應採用哲學方法的明確方針。個案 10.2 提供英國職業足球俱樂部治理績效的快速回顧。

個案 10.2　英格蘭超級足球聯賽俱樂部的公司治理

近年來，英格蘭超級足球聯賽俱樂部的公司治理受到愈來愈多的審查，部分原因是因為位於倫敦大學伯貝克學院的足球治理研究中心進行公司治理的年度檢討。超級足球聯賽（Premier League）是英國球賽的主管機關－足球協會（Football Association）的龍頭。足球協會是由歐洲主管機關－歐洲足球協會（Union of European Football Associations, UEFA）所管理。而歐洲足球協會則是全球主管機關－國際足球總會（Federation of International Football Associations, FIFA）的成員之

一。

超級足球聯賽俱樂部的監管制度包括四個要素：⑴足球當局的規則；⑵透過公司法（company law）、消費者保護法（consumer law）、勞動法（labour law）與競爭法（competition law）等法律制度的規則；⑶由超級足球聯賽所發展公司治理的法規；以及⑷股東行動主義（shareholder activism）與利害相關者的參與。足球當局（亦即國際足球總會和歐洲足球協會）已發展出一些標準，例如：「適當人選」的測試，旨在改進指定或選舉治理超級盃足球聯賽人選的品質，並提供良好指導方針之治理法規的發展。這些行動主要是用來改善超級足球聯賽俱樂部內不良財務管理所產生的影響（自 1992 年以來，50%的超級足球聯賽俱樂部掌握在管理者或破產者的手中），以及改善足球協會聯盟與聯盟之間被升級或降級的俱樂部的永續性發展。足球治理研究中心注意到，定期參加歐洲聯賽冠軍盃（UEFA Champions' League）的超級足球聯賽俱樂部，比起其他超級足球聯賽俱樂部，擁有明顯的財政優勢。因此，超級足球聯賽的主管機關必須了解更強有力的俱樂部及其影響董事會作決策的可能性。

英國法律體系要求超級足球聯賽履行與股東溝通、諮詢球迷、使用顧客特許及與球迷信託組織（Supporters' Trusts）對話等義務。足球治理研究中心指出，雖然大多數的超級足球聯賽俱樂部在這個領域作了足夠的工作，但仍有改進的空間。再者，超級足球聯賽俱樂部是公開上市的公司，必須遵守綜合法規（Combined Code）中為董事業務、董事薪酬、課責與審計需求、股東關係及法人股東所規定的原則。足球治理研究中心發現，雖然超級足球聯賽俱樂部傾向於有更多的獨立董事需求，不過還是無法與其他上市公司比較。

目前在足球協會中的俱樂部有超過 70 個球迷信託組織，以及約 60%的超級足球聯賽俱樂部有球迷信託組織。信託組織實現了一個重要的治理角色，有 25%的超級足球聯賽俱樂部在他們的董事會裡有信託組織代表人。代表的意義是，忠誠球迷對於俱樂部的未來，有機會參與高層決策，並以支持俱樂部運動發展、行銷與募款等實際行動作為回報。

雖然有跡象顯示，超級足球聯賽俱樂部已普遍接受良好的治理實務，並遵守大多數良好治理的行為準則，不過他們在治理實務的某些特定領域，確實失敗了，例如：少數俱樂部缺乏對個別董事或整體董事會作績效評估，以及俱樂部內部有相當大的比例，無法採用標準化的策略性規劃實務。雖然英格蘭超級足球聯賽享有足球

競賽領導地位的全球形象，所屬俱樂部的治理卻達不到同樣的高標準。請瀏覽
http://www.football-research.bbk.ac.uk 網站，以獲得更多的相關資訊。

資料來源：Football Governance Research Centre (2004). *The state of the game: The corporate governance of football clubs 2004*, Research paper 2004 No. 3, Football Governance Research Centre, Birkbeck, University of London.

董事會績效

　　研究發現，董事會的績效與適當的架構、程序和策略規劃的使用、支薪行政部門的角色、董事會是否從事訓練或發展的工作、董事會成員的個人動機及董事會的生命週期中週期性模式的影響等有關。但是，如何評量董事會績效，依然是一個持續爭論中的主題。學者 Herman 和 Renz（1997, 1998, 2000）支持利用社會建構論的方法（social constructional approach），來評量以學者Berger和Luckmann（1967）的研究為基礎的董事會績效。他們的觀點是，與董事會有直接關係的那批人的集體判斷，可為董事會績效提供最佳的想法。一個廣泛使用的「非營利治理董事會自我評估量表（Self Assessment for Nonprofit Governing Boards Scale）」（Slesinger, 1991）就是使用社會建構論的方法，並提供體育與其他非營利組織有效地評估董事會績效的方法。

　　使用這類型的量表來評估董事會業務面，包括董事會與執行長之間的工作關係、董事會與職員之間的工作關係、執行長的選舉與審查過程、財務管理、董事會與委員會的議事行為、董事會宗旨與任務審查、策略規劃、符合任務的營運計畫與計畫績效的監控、危機管理、新董事會成員的選舉與訓練、以及行銷與公共關係。在執行這些業務時，董事會的績效是由董事會成員、主管與董事會主席來評鑑。雖然這種方法容易引起自我陳述偏見的批評，不過整個團體對績效做判斷，然後比較認知的事實，對董事會的發展與改進是有幫助的。

　　個別董事會成員的績效評估，更是大有問題；與董事會成員有關的人力資源管理實務研究顯示，較小規模的體育組織可能苦苦尋覓董事會成員，而

較大規模的因帶有威望的因素，所以它們的問題反而是如何在民主選舉過程中進行接班人的規畫。極少數的董事會成員是接受徵召、受訓、專業發展機會及進行有關他們的角色與董事會的角色的評估。這對委以董事會成員與主席重任的非營利體育組織而言，是一個潛在的嚴重問題。

治理變化的驅動力

國際志工訓練組織在贊助機構的持續壓力下，改善他們的核心計畫與服務。贊助機構了解，體育組織達成任務的能力，相當大的程度上是取決於適當的治理，因此執行一系列的方案，以改進國際志工訓練組織的治理。舉例而言，澳洲運動委員會（Australian Sports Commission, ASC）針對各國童軍總會（National Scout Organizations, NSOs），有一套專屬的管理改善計畫，提供治理議題與贊助的建議，以便進行治理結構的檢討，以及提供治理原則與程序的資訊。英格蘭體育委員會（Sport England）與各國童軍總會議定詳細的策略計畫，以改善區域性體育組織間的遞送與協調。

對體育組織、體育組織會員或董事會成員提起訴訟的威脅，迫使體育組織必須發表有關危險管理、信託承諾、公司組織、董事責任險及董事會訓練與評價等議題。由於幾個引起全球極大注意的不當公司個案，增強了對治理失敗的危機意識，這種情形迫使體育組織改善他們的治理機制。對於公平與多樣性問題的立法改變，使得體育組織必須面對更多的壓力。因此體育組織的治理機制，特別是會員資格標準、投票權和資訊的提供，也必須跟著作改變。

市場競爭的威脅也已迫使體育組織變得更商業化並著重商務技能，其手段主要是透過專職人員的雇用。1990 年代中期，專由志工所經營的大規模俱樂部與區域性運動協會，目前仍持續增加對專職人員的投資，以便管理來自政府以及其成員與顧客所漸增的要求。如前所述，專職人員的雇用改變了治理結構、決策過程與志工所能掌控的程度。維持了幾十年前所設計的治理結構，為體育組織產生許多的問題。個案 10.3 強調因不當治理所造成的一些問題與組織如何被迫改變。

個案 10.3　澳洲足協

2002 年 8 月，澳洲藝術與運動的聯邦部長（Australian Federal Minister for Arts and Sport）—參議員 Rod Kemp 宣稱，澳洲足協（Soccer Australia）同意由澳洲運動委員會（Australian Sports Commission）來重新檢討澳洲足球的主要架構。此次檢討是在體育界歷經近二十年的危機後所進行，結果顯示：澳洲足協在 2002 年中期即已出現負債 260 萬澳幣、裁減國家辦公室的職員配置、遭遇政治內鬥折磨、缺乏策略方向及享有在國際賽場上好壞參半的結果。此次檢討，檢視了澳洲各級足球的結構、治理與管理。

檢討過程期間發現，多數州立與區域級的組成會員有類似的財政困難、政治內鬥及不適當的治理機制的困境。這些現象產生了不信任與不和諧、戰略方向的缺乏、不適當的行為及阻礙國家決策的黨派之爭。雖然體育界享有大規模的民眾參與基礎、國家代表隊的優良人才庫、良好的訓練計畫、大幅成長的女性參與及大眾的熱情支持，不過其治理機制正可防止它利用這些優勢來賺取利益。

檢討發現，治理系統需要在四個關鍵領域作改變：

- 確保治理機構的獨立；
- 區隔治理與日常營運管理；
- 改變國立與州立體育組織的會員身分與投票結構；
- 澳洲足協與全國足球聯賽（National Soccer League）的關係。

針對改進澳洲足協的結構、治理與管理，此次檢討作出 53 項建議。報告中的前三項建議，說明了 2002 年組織存在的危險事態。檢討所提建議為：(1)改變澳洲足協的會員身分，以便認清主要的利益團體與降低較大的州與全國足球聯賽的權利；(2)需要發展新的組織法；以及(3)各州附屬機構採用規章範本與會員協議書。這三項建議只代表治理機制中大規模的改變，但是檢討則繼續針對體育界運動治理程序與結構，提出 50 項進一步需要改變的建議。

檢討後，對澳洲足協的治理機制做了全面性的改變，並隨後任命 John O'Neil（澳洲橄欖球聯合會 Australian Rugby Union 的前任執行長）為執行長，引領足球進入一個新的時代。2005 年 1 月 1 日，澳洲足協將其名稱從 Soccer Australia 改為 Football Federation Australia，作為重新定位此項運動過程中的一部分。

資料來源：Australian Sports Commission, (2003). *Independent soccer review: Report of*

the independent soccer review committee into the structure, governance and management of soccer in Australia, Canberra: Australian Sports Commission.

🏀 總結

組織治理是有關組織內部的權力行使,並提供在管控組織要素方面所依據的機制。良好的組織治理應能確保董事會與管理階層致力於達成組織及其成員利益的成果,並有效地監控取得成果的方法。

公司治理與非營利治理是有差異的。公司治理是保障與提升股東利益的營利公司治理,而非營利治理則是志願性組織的治理,主要是尋求提供社區服務,或促進個人對社會、藝術或體育活動的參與。

體育組織及其治理架構有不同的要素,以防止一種在運動治理方面可支配一切的理論發展。代理理論、管理理論、制度理論與利害相關者理論的觀點,可用來說明體育組織若干的治理假定、程序、結構與結果。

前文談到國際志工訓練組織的傳統治理結構被批評為笨拙且麻煩的、對市場變化反應緩慢、代表之間易遭受破壞政治或權力遊戲的影響,以及對希望有所改變的組織加以嚴格地限制。另一方面,多數體育組織現今仍然沿用此一模式,並評估它是否能確保會員在決策與各組織階層決議與自主權的徹底透明化上有發言權。

現有的一些運動治理模式,皆強調董事會主席與專職主管在不同層級的責任。假使國際志工訓練組織的董事會與職員之間存在著一定程度的信任,以及董事會是由董事會主席、行政部門與少數資深董事會成員的優勢結合所共同領導時,董事會的表現會比較好。雖然董事會績效的評估系統仍然過於簡單化,不過系統的確已涵蓋了各種類型的董事會業務。個別董事會成員的績效評估更是有問題,同時它也是持續研究中的主題。

最後,國際志工訓練組織在贊助機構的持續壓力下,改善他們的核心計畫與服務。對體育組織、體育組織會員或董事會成員提起訴訟的威脅,迫使體育組織必須發表有關危險管理、信託承諾、公司組織、董事責任險及董事

會訓練與評價等議題。由於幾個引起全球極大注意的不當公司個案,增強了
對治理失敗的危機意識,這種情形迫使體育組織改善他們的治理系統。

複習題

1. 解釋公司與非營利治理的不同。

2. 你會運用什麼理論來研究體育組織董事會的疏忽？

3. 解釋董事會、職員、志工、會員及利害相關團體在治理體育組織中所扮演的角色。

4. 你會用什麼標準來評量非營利國際志工訓練組織的績效？這些標準對於職業運動俱樂部又有什麼不同？

5. 什麼是發展國際志工訓練組織中董事會與專職人員之間良好關係的重要因素？

6. 比較具有多項目的運動（例如：體操、獨木舟、田徑）與單一項目的運動（例如：陸上曲棍球、籃網球、13 人橄欖球）的治理結構。他們如何不同？這對志工的治理角色有什麼影響？

7. 使用本章學者 Herry 和 Lee（2004）所提出的七項原則，檢討你所選擇的國際志工訓練組織的治理績效。

8. 對於國際志工訓練組織而言，一次可能的合併會造成什麼樣的問題？

9. 如何連結董事會與組織的績效？

10. 訪問小規模的國際志工訓練組織的執行長與董事會主席。誰是他們認為的組織領導人？

進 階 讀 物

Carver, J. (1997). *Boards that make a difference: A new design for leadership in non-profit and public organizations* (2nd edn). San Francisco: Jossey-Bass.

Clarke, T. (Ed.)(2004). *Theories of corporate governance*. Oxon, UK: Routledge.

Henry, I. & Lee, P.C. (2004). Governance and ethics in sport, in J. Beech & S. Chadwick (Eds), *The business of sport management*, England: Prentice Hall.

Hindley, D. (2003). *Resource guide in governance and sport*, Learning and teaching support network in Hospitality, Leisure, Sport and Tourism at http://www.hlst.ltsn.ac.uk/resources/governance.html.

Houle, C.O. (1997). *Governing boards: Their nature and nurture*. San Francisco: Jossey-Bass.

Hoye, R. & Inglis, S. (2003). Governance of nonprofit leisure organizations, *Society and Leisure*, 26(2), 369-387.

Organization for Economic Co-operation and Development (2004). Principles of Corporate Governance, Paris: OECD.

相關網站

若需更詳細有關體育組織治理的資訊，可參考下列網站：

- ⚙ Australian Sports Commission at http://www.ausport.gov.au
- ⚙ Football governance research centre in the UK at
  http://www.football-research.bbk.ac.uk/index.htm
- ⚙ Sport and Recreation New Zealand at http://www.sparc.org.nz/
- ⚙ Sport Canada at http://www.pch.gc.ca/progs/sc/index_e.cfm
- ⚙ Sport England at http://www.sportengland.org
- ⚙ Sport Scotland at http://www.sportscotland.org.uk

第十一章

績效管理

概要

此章節為探討運動組織如何管理其營運方式及評估成果，針對運動組織中的特點給予額外關注，並了解這些特點如何創造出量身訂做的績效管理模式之需求。而伴隨著必須容納從不同資助者中產生的衝突需求，使用多面向績效管理模式的需求將逐漸受到重視。在此章節將會利用案例來闡述在運動組織中有效的績效管理觀點與原則。

在閱讀完本章節之後，你必須能夠：

解釋績效管理的觀點；

闡述運動特殊的特點如何使量身定作的績效管理成為一項需求；

🏐 了解當針對運動組織來建構績效管理模式時，必須將資助者列入考慮；

🏐 建構一個多面向的績效管理模式，使其能夠與運動的特性相符並同時能夠將經濟因素、內在的歷程、人們的覺知與洞察力及社會責任列入考慮；

🏐 應用此模式於不同運動的狀況與背景中。

🏀 運動與績效

從管理的觀點來看，運動是非常有趣的制度，因為其與傳統的商業組織既有相似處也有不同之處（Smith & Stewart, 1999）。相似處在於其近 30 年來不斷專業化的機構與管理。運動中的許多部分都模仿了商業界的價值與習慣。於此，選手與管理者都是領薪水的員工，還有計畫許多策略性的計畫。此外，比賽與活動成為有品牌的運動產品，運動迷變成需要被滿足與調查的消費者，還有共同資助者的結盟也正在發展中（Slack, 1997）。

同時，運動與商業也有其不同之處（Smith & Stewart, 1999）。首先，運動有象徵的重要性與強烈的情感，這些是鮮少在保險公司、銀行或賽馬場彩票經理部所發現的。當業界在尋求員工順從與依附時，他們主要關心的是效率、生產力及對市場狀況做出良好的反應。另外一方面，運動充滿了透過懷舊與傳統來連結的強烈情感依附。浪漫的憧憬、情感與熱情可優先於商業的邏輯與經濟的理性（Smith & Stewart, 1999）。再者，預測性與確定性在商業中通常是被關注的目標，特別是有關產品的品質時，然而這些在運動的世界中卻沒有如此地受到重視。運動迷常因為比賽結果的不確定性與混亂而深深受吸引（Sandy et al., 2004）。第三，運動並非由最合理利潤需求所驅使，此與業界常有相當的差異存在。事實上，當運動組織決定任務與目標時，常面臨兩個組織行為的衝突模式。其一為利益最大化模式，假定一個俱樂部只是在競爭力不錯的產品市場中的一個公司，並認為利益是單一驅使的力量。其

二則為效用極大化模式，強調俱樂部間的對抗，並冀求在許多競爭中勝出（Downward & Dawson, 2000）。效用的觀點假定運動組織本身即具備高度的競爭性，且認為最重要成就的標準即在於競爭的勝利。因此，這些不同處帶出了當針對運動組織來設定績效管理系統時該從何開始。

從何開始？

　　運動在許多方面都是受到許多強烈關注的主題。例如說，在競技運動中，運動選手與團隊不斷地受到評價與排名。以板球而言，不斷增加的統計數據不僅被常用來計算得分比例與打擊率，也常用於描述得分與防守的有效性。甚至，每一個人對於教練在不同職業運動聯盟的成就，從輸贏比例到如何有效得分的策略及選手動作都有不同的想法。同時，許多運動俱樂部並不花時間來進行選手下場後表現的評價。而且，如果俱樂部如此進行的話，他們僅將其分析侷限於兩個議題，營運利益及會員的層級。我們認為有更好的評價模式同時涵蓋了不同的標準。

　　對於判斷組織全面的優勢、弱勢及改善的方向而言，系統化的績效管理是必要的工具。同時，決定如何把稀少的資源用於何處以產生極大的利益時，也是一個重要的評價工具。它針對組織、俱樂部或聯盟如何根據其他的組織、俱樂部或聯盟來處事提供了一個寫照。簡言之，利用一些績效管理的模式對組織長程的成功是很重要的。然而，問題依然是如何執行適當的績效管理模型以及從何開始？

　　一個好的起點在於從策略性的觀點來看績效管理。亦即，我們應該從一開始就把焦點放在組織想要達成些什麼。換句話說，如同我們在第 5 章所提示的，一個良好的績效管理系統應該與組織的願景與目標相結合（Robbins & Barnwell, 2000）。這些目標可以被用來判別組織需要什麼來改進其績效。依此觀點，對運動組織而言，主要的目標即與商業組織的目標相距甚遠。即使商業性的休閒中心與美國大多數的運動團隊仍然強調極大化的利潤，而其他多數的運動俱樂部即使有強大的利潤基礎仍然把比對手贏得更多的比賽及提供會員需求當作首要目標。然而，組織的主要目標與什麼是用來衡量組織經

營良好與否的指標常是不清楚的。以商業化的觀點而言，最成功的足球俱樂部是 Manchester United ，緊接在後的是 Real Madrid。然而，Manchester United 與 Manchester United 都未打入 2003 年的總決賽，而是財務較為吃緊的 Proto 取而代之。在美式足球聯盟中，Cincinnati Bengals 很少打入季後賽，但是由於節省開銷及聯盟的收入均等化策略，使其收益遠比其他知名的球隊來的更多。但是，除了這些特例以外，很清楚地顯示出任何一個績效管理系統必須納入考慮，並且確實反應出相關俱樂部、團隊、場所、賽會或聯盟的主要目標。

個案 11.1　運動組織績效的財務衡量

如上述指出，運動組織面臨到決定利益極大化或是贏的更多的兩難，而兩者皆會影響其營運方式。以目前正在運行的運動組織而言，不管他們想要贏得成功的動機多麼強烈，都必須在明確的財務範圍內來運作。當然有許多極端的行為，如組織或俱樂部可以一方面決定不計代價贏得超級聯賽的冠軍，或一方面節省開支且有效率到以致於錯失了贏得勝利的機會。前者最好的例子就是 Leeds United Football Club。Leeds United Football Club 在 1990 年代曾經打入 English Premier League 的前半部。在 2001 年時打入 UEFA Champions' League 的準決賽。然而，在想要打入大聯盟的過程中，因為與球員的簽約金耗費甚鉅，造成龐大的債務壓力。1999 年的 60 萬的支出到了 2002 年時變成 3,400 萬的支出。整個俱樂部 35%的損失反轉了情勢。身為 USA National Football League 的一個會員，Cincinnati Bengals 則是相反的狀況。從 1990～1999 年 Cincinnati Bengals 有著最差的排名紀錄，但卻是最賺錢的俱樂部之一。然而違背常理的是俱樂部決定降低營運成本以確保其長久經營。而這樣的決定強烈地受到聯盟中利益分享策略的影響。此策略主張聯盟中總利益 70 ％～80 ％要與聯盟中共同競爭的隊伍分享（Sandy et al., 2004）。這個政策給了每個俱樂部最低收入的保證，不管他們在場上的表現如何。在這樣的情況之下，缺乏競爭力的 Bengals 卻因能夠維持聯盟中收入排名第五的俱樂部而受到補助。於此兩種情況下，卻造成到底哪一個隊伍才是表現最好的隊伍。同時，也造成什麼樣的標準能夠準確的判別運動組織的優勢與缺點。

如同我們在這一章先前所指出的，運動與商業有許多相似處也有許多不同的地方。

因此，應用於商業的經濟分析也許對運動組織而言並不那麼合適。例如，許多運動組織是屬於非利益團體，如此一來，淨值報酬率也就不那麼有用。然而，許多用來衡量流動資產與負債的指標對運動組織來說也是重要的。表 11.1 提供了可以用來衡量運動組織財務表現的經濟指標。

表 11.1　可應用於運動組織的財務績效指標		
名稱	**定義**	**衡量目標**
營運利潤	營運收入扣掉營運支出	維持營運適中的能力
獲利比	利潤是收入的一部分	抵付所有花費能力的指標
薪資迴轉率	薪資是迴轉或收入的一部分	管理薪資與相關花費的能力
流動資本	流動資產（現今、短期儲蓄及信用卡）及流動負債間的差額	支付短期債務能力的指標
債務／抵押的淨值	長期的負債被當作資助者資金的一部分或是累積利潤	依賴債務來進行營運或辦理活動程度的指標
淨資產	介於總資產與總負債的差	組織真正的財產的指標

從利害關係人的觀點來建構績效管理模式

　　績效管理應該與組織中最主要的利害關係人相連結在一起（Atkinson et al., 1997）。如果利害關係人對組織的表現感到相當的滿意，顯然做得很好。以一個公開持有的運動零售業為例，大量利潤與股息對管理與利害關係人同樣是很好的。然而在一個以會員為基礎的運動俱樂部，成功則意味著場上的表現與會員的服務，而非大量的利潤。換言之，對一個以運動為主的實體而言，會員的利益可能才是較為優先的目標。換句話說，不同形式的運動組織會有獨特的目標是優先的考量，且會反應到他們如何面對他們的利害關係人（Friedman et al., 2004）。

　　利害關係人也許會有衝突的需求。利害關係人也許需要大量的媒體曝光度以及與球員接觸的機會，但是俱樂部在改進球員的表現上有主要的影響，亦即意味著球員少量地參與贊助商的活動。以一個國家政府也許需要國際上

的成績來證明其在菁英選手及教練計畫的投資，然而對組成會員是一般選手而言，也許只是需要更多的設施罷了。因此，運動組織需要協調不同利害關係人間的互相衝突需求與互相矛盾的利益（Chappelet & Bayle, 2005）。主要的運動組織利害關係人及他們的期待都彙整在表 11.2。

　　值得注意的是運動組織會有各樣的利害關係人，而他們的利益需要透過評估加以整合。

表 11.2　利害關係人對運動組織的期待

利害關係人的類型	運動組織的期待
選手	場上的成功 適當的薪資與利潤 較低的受傷率
員工	適當的薪資與利潤 工作的穩定度 專業的發展
設備供給人員	需求的可靠性 球員認可 品牌知名度
會員	服務與好處 整體性的滿意度
所有者／利害關係人	投資的回收率 俱樂部或協會的公眾認同
贊助者	協會或俱樂部正向的聲譽 品牌的知名度
選手經紀人	較高的球員士氣 市場價格的給付
球迷	比賽的公平與刺激 較高的勝負率
社區／社會	全民的榮譽 給年輕的成年人成功的模範
媒體	大眾市場 高程度的公眾利益

績效管理的輸入產出法

為了衡量運動組織的表現而發展模式時，有部分額外的原則需加以考量。第二種方法是強調輸入與產出，其中包含了品質、數量、效率、成本效益比以及員工的生產力（Bouckaert, 1995）。這個方法提供了需要提出的重要績效面向檢核表。其認為沒有一種方法是最主要的，同時認為應把焦點同時放在內在歷程及組織與主要的利害關係人與客戶間的關係。表 11.3 即為可以應用於運動組織的輸入產出之摘要表。

表 11.3 運動績效管理的輸入產出法

面向	衡量
產出：數量	職權 出席 會員 參與
產出：品質	比賽水準 場地或設備的特色 服務水準 整體的顧客體驗
產出：成本―利益	營運利益 營運成本 淨經濟利潤 社會利益
輸入：效率	提供服務的成本 管理資助成本 等候時間
輸入：人員績效	顧客／會員／球迷滿意度的排名 工作人員技巧與經驗 工作人員成效

一個績效管理的平衡與多面向方法

第三種方法乃避免過度地強調在財務衡量措施上的利害關係人的地位，利害關係人可能藉由均衡這些衡量，來權衡那些由客戶、供應者及員工所產生的利益（Haevard Business Review, 1998）。此方法可以由 Kaplan 與 Norton（Kaplan & Norton, 1992, 1996）所設計的平衡計分卡模型（Balanced Score-card）為例。以下為你介紹平衡計分卡的四個面向。

Kaplan 與 Norton 所注意到的第一件事是一個好的績效檢驗工具不應該僅是一個為了讓個體或組織與預先規劃相配合的一個控制系統（p.25）。而應是以溝通與傳訊為主的學習系統（p.25）。為了達成此目標，Kaplan 與 Norton 特地設計了一套績效衡量系統，此系統平衡了外在因素，例如市場占有率及投資報酬率等簡單且可加以量化的標準，並避開了內部及短暫的影響因素，如管理過程及人員發展。

Kaplan 與 Norton 的第一個面向即是財務觀點。雖然他們認為傳統上對於盈虧已經有太多的強調，然而在評價組織的經濟持續性時，財務指標仍然是最基本的向度。其中包含了總銷售量、營業收入、淨資金流量、資產報酬率、資產負債率及淨利潤。此面向回答了「我們該如何看待利害關係人」的問題。

第二個面向即是顧客觀點。這個面向強調顧客和市場區隔是企業必須要完成的，而且發展出組織在這些區塊中達成程度的衡量方式（p.26）。這些衡量的指標包含了在每一個部分的總銷售量、市場占有率、顧客占有率、顧客維持及顧客的滿意度。Kaplan 與 Norton 也建議在這個部分應特別注意短期領先的次數及準時交貨等因素，事實上因為這些因素實際影響了顧客滿意的程度與續留程度。此面向強調了「顧客如何看待我們」。

第三個面向是內部企業歷程觀點。此觀點是為了獲得更多競爭的優勢，企業必須認清並在重要的內部歷程取得優勢。Kaplan 與 Norton 注意到不僅要確定目前附加價值的過程是否足夠並取得主流地位，且有更多的系統需要加以改善與產品需要加以強化。此面向強調了「我們需要在哪方面取得優勢」此問題。

　　第四個面向是學習與成長觀點。Kaplan 與 Norton 認為此觀點是組織取得長遠優勢的關鍵點。在起伏不定的商業環境中，已漸漸顯示出，用以獲得市場優勢與競爭條件的科技與過程，可能會超越負責管理這些技術與過程的人員本身所具備的。為了拉近之間的差距，組織需要在員工身上投資，讓員工參加在職進修、強化資訊硬體與軟體及調整組織的運作程序與步驟（p.27）。此面向強調了「我們可以持續不斷地改進與創造價值嗎？」。

　　最後，Kaplan 與 Norton 建議上述每一個觀點都需要與各種可以確保一致性與共同強化的管理目標相結合。換句話說，平衡計分卡模式不只是關鍵指標或主要成功因素的指示（p.29）。為了確保有效性，其必須反應出組織的任務與目標。

績效管理系統的成本與利潤

　　計畫與執行績效管理系統是需要成本的，因為它包含了針對組織歷程與活動密集的分析。它可能成為官僚體系的夢魘，因為它包含許多處理事情的細微步驟及如何衡量。約莫起源於 20 世紀中 Frederick Winslow Taylor 針對機械時間與動作研究的績效管理觀點。根據 Taylor 的研究，其認為增加生產力的關鍵是系統化的分析工作的過程，以確保更有效率的生產過程。其後，此觀點已成為最佳的實務模式。泰勒主義也認同目標管理（MBO）及全面品質管理（TQM）所發展的管理觀點，而這些觀點被修正成更廣義的績效管理模式（Bouckaert & van Doren, 2003）。於此，一個架構嚴謹的績效管理系統如果制定出狹隘的工作標準及嚴格的工作場所行為標準，則會扼殺最初的動機與創造力。

　　同時，一個完善的績效管理系統可以提供不少的長程利潤（Williams, 1998）。首先，它確保了組織中的核心活動直接與主要目標相互連結。再者，可以藉由設定員工可以達成的目標來激勵員工。第三，它確保了較高的責任制，因為不僅明確地界定出需要達成的目標及由誰負責。第四，它藉由確保過程是受到監控，及結果是以最低的績效標準來加以衡量兩部分來完成管理循環。最後，透過衡量主要產出和清除模糊的目標來強化管理。

個案 11.2　衡量澳洲足球聯盟的績效

　　澳洲足球聯盟是唯一代表當地競爭性的例子，澳洲足球聯盟於 1858 年在墨爾本創立且成為國內受歡迎的運動之一（Hess & Stewart, 1988）。然而，不像板球與網球，足球只受到澳洲南部人民的喜愛，緊緊抓住了住在 Victoria、South Australia、Western Australia 以及 Tasmania 人民的心。而在 New South Wales 及 Queensland 則未受到喜愛。在這兩州，仍是以英式橄欖球較受歡迎。足球聯盟隨著愈來愈多人的認同，已變成他們第二喜愛的運動。特別是在 1950 年代與 1960 年代之間，受到足球文化影響的歐洲移民對此世界性的運動，在澳洲居然如此不受重視感到相當震驚。

　　然而，21 世紀一開始，相當戲劇化的事情發生了。1980 年代及 1990 年代大量的運動商業化帶來了許多的國家運動聯盟，最具影響力的就是足球聯盟。國家足球聯盟有最早的歷史，其在 1978 年即已創建。然而，它經歷了許多重大的改變，並且俱樂部已經很難獲利。當 2003 年國家管理制度進行改革時，足球聯盟即被廢止並建立了 8 個新的聯盟。它重新洗牌且完全不顧種族的源起。A 聯盟（即現在的稱呼）將在 2006 年開始營運。國家橄欖球的競爭將更加健全。雖然競爭曾經由於 1995 年超級聯盟的建立而受到影響，但於今在 Queensland, New South Wales 及鄰近的 Victoria 已經是根深蒂固。然而，不管在 South Australia 或是 Western Australia 已經不再有競爭的隊伍，但是這個結構性的問題已經藉由來自紐西蘭奧克蘭的球隊進行比賽解決。橄欖球聯盟是一個有趣的案例，因為它像是聯盟，它僅有來自澳洲南部幾州的資助，但是在 New South Wales 及 Queensland 則是主要的運動。聯盟的 12 個隊伍組成了 5 個紐西蘭隊伍、3 個澳洲隊伍、4 個南非隊伍。然而在 2006 年也增加了另外兩個隊伍，那就是 Western Australia 的 Perth 及第 5 個南非的隊伍，所以一共組成了 14 個隊伍。最後，有一個 1986 年從 Victoria Football League 崛起的澳洲足球聯盟（Australian Football League, AFL）。AFL 在每一州幾乎都有隊伍，而且在過去的 10 年中，於 New South Wales 及 Queensland 的橄欖球版圖有相當大的進展。

　　在上述每一個足球組織都有其獨特的歷史與文化。他們彼此在運動的領域中也是強勁的競爭對手。雖然在有關競爭力的強弱及哪一個隊伍的競爭是最成功的等議題都應相當的爭論（Stensholt & Thomson, 2005）。以績效管理的觀點而言，這裡有相當有趣的議題可以討論。聯盟的表現無法給予立即的評價，因為有許多用以衡量績效的標準。

　　每個管理隊伍對於在競爭聯盟中的發展是相當敏感的。他們也急於大力的宣傳

與渴求成功，特別是當他們比對手先獲得某些策略性的優勢時。同時，也有許多重要的評價指標用來評價國家聯盟的績效。這些因素是包含了：第一為整季的參與率、第二為所有俱樂部的會員、第三為聯盟收入的總和、第四為電視轉播權利金的收入及每週的電視觀眾。在評價每一個聯盟的績效如何時，這五個粗略的評判標準多少代表了每個聯盟績效的指標。然而，最近有部分的評判標準也加入指標中。首先是球隊發展性的議題及平衡預算的能力。第二為聯盟的競爭平衡及是否能帶給球迷一場勢均力敵且緊張的球賽。第三是有關聯盟的聲譽及負責任感的運動民眾之程度。為了達成這樣的目標，聯盟積極的為球員及管理單位建立公平的機會，提出反騷擾規定及反禁藥政策。一般而言，聯盟對球員誤導的批評都相當的敏感，特別是包含性騷擾議題時。一些用以測量澳洲國家足球聯盟表現的指標如表 11.4 所列。

表 11.4 澳洲國家足球聯盟的表現衡量標準

項目	描述／衡量	案例
經濟穩定度	--聯盟營業額 --淨資產	澳洲足球聯盟（AFL）營業額高於 17 億元；國家橄欖球聯盟（NRL）的營業額大約為 9 億元。
公司支持	--贊助收入 --場館設備	AFL 比 NRL 受到許多國際品牌的支持，如：Vodafone、Air Emirates、Toyota。
廣播權利金	--電視台的收入 --廣播電台的收入	AFL 目前的電視權利金大約為 10 億元；NRL 則大約為 5 億元。
媒體曝光率	--電視聲譽 --印刷媒體的普及度	AFL 的總決賽大約吸引了 2 千 8 百萬的電視觀眾；NRL 則大約吸引了 2 千 1 百萬的電視觀眾。
公共利益	--品牌知名度 --現場觀看比賽的收入	AFL 平均每一次比賽有 33000 的現場觀眾；NRL 則為 16000 人次
普及／報導	--媒體報導率 --隊伍與場館的分散度	AFL 隊伍大約 6 個州中的 5 州；NRL 則分散在 6 個州中的 3 州。
競爭性的平衡	--每隊的勝負比率 --每隊所擁有的職權	NRL 隊伍的勝負率較為接近。
賽制發展	--青少年發展計畫 --地區發展計畫	AFL 每年在社區發展投資資助 2 億 2 千萬元；NRL 則投資 1 億 1 千萬元在社區發展。

🏀 設計適合於運動績效的管理模型

　　平衡計分卡有許多的優點，但是針對運動組織特別的需求則需要相當程度的調整。其中一個方法是維持平衡計分卡的四個基本面向，並運用它來量身訂做能夠反應出運動組織特性的績效管理模型。為了此目的，設計出下列九點的績效管理模型：

　　第一個績效面向是強調勝利、回饋及成功。此向度認為大多數的聯盟及俱樂部需要被肯定及能培養能打贏球的球員與球隊。換句話說，當面臨贏得冠軍與增加利潤兩個選擇時，大多數的俱樂部會選擇贏球。然後，就像所有的組織、運動聯盟、協會與俱樂部一樣，需要持續的資助以獲得長久的經營及支付年復一年許多的債務與開銷。因此，第二個面向即是有關財務的永續性。在這個方面，光是衡量利潤的成長與否是不夠的，更多特定的利潤、流動資金、長期負債、投資報酬率及淨資產成長率都是有效的指標。

　　第三個面向是市場銷售量或是運動聯盟、協會或俱樂部能夠提供特定運動訓練的花費到何種程度。如果主要的考量是到場率，那麼就必須要了解它提供了多少的場所、位置、分散率及提供的品質如何？而如果主要的考量是可以吸引多少的觀眾，那麼就要了解能夠提供多少的座位、可以收到多少的廣播曝光度及每一間電視轉播的範圍與廣度。

　　第四個面向是市場的大小與占有率。有廣大的場地及長時數的電視廣播是一回事，能夠持續地吸引大量的參與者、觀眾又是另一回事。比較可能是競爭對手所吸引的觀眾數量也是一件重要的事。

　　第五個向度是顧客的滿意度，是一個真正可以用來衡量參與者、球迷及會員如何強烈地支持聯盟、協會或俱樂部表現的指標。運動組織通常會製造與顧客及會員相當熱情的連結。但是也有許多案例是很少參加比賽或活動的，甚至嚴重地下降他們的參與率。針對參與者、會員與球迷的研究可以顯現出不滿的訊息或是相對地指出什麼因素才是最主要支持的原因。

　　第六個面向是內部的程序與歷程。如同 Kaplan 與 Norton 簡單所標示的面向一樣，強調在價值鍊中最主要的連結及在每一個階段如何與其他人相應。

對運動組織而言，常以球員如何招募、數量多少及所有的品質為起點。會員的招募與維持也是一項重要考慮因素。且有關會員能夠提供多少時間、專門的技術及金錢給協會及俱樂部的活動等問題常浮上台面。選手精進技術的能力及整體的表現常是支持系統的功能，且特別是教練團的技術與能力。這能確保組織有一個安定的環境，在這裡頭要認真面對管理風險，在這種環境中，面對訴訟的機會是微乎其微的。所有上述的歷程當然都是與管理的功能相互連接，這些歷程可以提升球員與會員的經驗，而不佳的訓練與鬆散的系統則會導致不愉快的經驗和高額成本。許多上述的因素都是難以量化，但是仍然需要加以認真地列入考慮。

第七個面向是產品的改善，以此觀點而言，運動與商業無異因為運動市場也是處於高度競爭的環境，對開發新的客源與抓住舊的客戶來說，持續不斷的創新與產品的改進是必要的。某些運動在調整比賽以配合特定客戶需要這方面進行得很成功，然而有些運動卻無法突破其傳統的包袱。在某些觀賞運動中，場館品質的改善進行得非常緩慢，此時其他的運動已有以場館設計與顧客舒適的角度來進行實際革新。運動設備設計的進步已經改善了產品的品質。以網球而言，碳纖維球拍的使用及甜點區的擴大讓一般俱樂部的會員能夠改善其比賽的水準及提高整體的能力。

第八個面向是工作人員的學習與發展。運動是非常以個人為中心、花費時間的活動。因此，工作人員需要有不錯的社交技巧，以及為了能夠抓住球員及會員而創造組織文化的能力。運動逐漸發展的複雜性也意指著傳統的管理、裁判及教練技巧不再足夠。因此，為了能夠應付現代的運動潮流，在員工能力、新技術與基礎上取得平衡，大規模地再教育與再訓練是必要的。

第九個向度是涵蓋了運動聯盟、協會或俱樂部等周遭的經濟、社會與環境等影響因素。政府逐漸增加的資助是視組織創造正面的經濟、社會與環境影響而定。而這個趨勢被會計概念的三重盈餘誇大了，即強調要超越利潤的獲得與財富的創造，而要將組織對社會，包含了環境與社會影響力等層面成為單一衡量方式（Norman & MacDonald, 2004）。在這個案例中，組織也必須有責任來謹慎地管理與維持其環境，且建立能夠衡量多樣性、公平的機會、

同性戀平權與少數宗教團體的組織文化。

這九個面向的模式有廣泛性及總結性的優勢，並且能夠集結一般運動的需求。但是，為了配合不同的運動組織也需要加以修正。如我們之前所提及的，組織策略性的目的、利害關係人的利益都會影響績效管理模式的修正（Atkinson et al., 1997; Robbins & Barewell, 2002; Williams, 1998）。例如，適用於國家運動組織的績效管理模式與用於職業運動俱樂部的模式就不同。國家運動組織對參與率、俱樂部的發展及當地運動設施的提供較為在意。然而，職業運動俱樂部則可能對勝敗率、利害關係人的收入、電視轉播率及會員程度較為在意。

🏀 績效衡量

一旦一個模式合適了，然後設計一個衡量的標準是必要的。而這些標準必須能夠精準地判別失敗或成功的指標。有時很難以一個數字來加以判別。客戶或球迷的滿意度在這個部分則很快地會靈光一閃，但是常常有許多的方法可以將主觀的意見轉變為可加以測量的指標。

判別某一些關鍵的表現指標及蒐集資料是一回事，然而，把這些數據變得有意義又是另外一回事。因此，發展一些可以用以衡量運動組織成就的指標是很重要的。有兩個方法可以達成這個目的：第一個是針對運動組織的發展進行長久的研究，以 Athletics Australia（AA）為例，澳洲的國家運動員管理組織，針對其財務的表現進行長達 10 年的研究，逐漸發現其無法再繼續維持下去。在 2003 年時，長久累積了一些值得擔憂的債務，並帶來嚴重的組織危機。藉由財務檢驗發現 AA 在這個階段的績效是掉落谷底的。同樣類型的經度分析也可以被應用來了解參與的程度與國際成績表現。每一筆資料都顯示出在過去的十年，進步的幅度非常地小。

另一種評估 AA 的方式可以把 AA 與其他國家運動組織相比來看其排名如何。亦即把 AA 的表現和其他國家運動組織一起比較也是相當重要的。有兩種方式可以進行：第一種方式就是把 AA 與相似的國家運動組織放在一起做比較，如 Swimming Australia 或 Rowing Australia。以此種方式來看的話，

AA 並沒有表現得非常好，因為其他兩個運動組織都在過去十年間的世界盃及奧運拿到了金牌。第二種方法是把 AA 的表現與其他國家相同的運動組織比較，其中最適合的就是 Canadian Athletics Federation，因為兩個國家都有相同的人口，並且國家運動協會都有相同起源與背景。如此一來，比較產生的結果將會比與 Swimming Australia 來得更好。

　　這裡學到的是運動組織的表現不能沒有比較的標準、目標或對象。最少，經度分析或是比較分析可運用來加以檢驗。最理想的是兩種方法一起用來評估會產生最好的結果。

個案 11.3　衡量社區休閒中心的績效

　　如同我們在章節前所提到的，績效管理系統已經普及到業界或公共部門中（Bouckaert & van Doren 2003; Robbins & Barewell, 2002）。甚至，它們不僅被應用到衡量共同的績效，也被用於每日企業中更細微的部分。特別是社區休閒中心讓它們進行細微的檢驗。首先，它們提供了一系列個人的活動並將個人的強烈回應與感受回饋出來。其二，它們的服務不僅依照範圍、類別及可用設施予以排名，也將服務人員提供的服務列入排名。第三，許多社區休閒中心接受透過稅務以接受當地政府的資助，因此必須確保稀少的社區資源能作最有效的利用。

　　從兩個觀點來衡量社區休閒中心的績效是有用的。第一個觀點，是將重點放在是否能夠利用資助金、人員及空間。為了了解資金是否能有效地利用，可以從營運的成本與收入開始了解。這會產生一個營運利潤的指標與開銷回收率。再者，還需要什麼樣的細節呢？例如，每一次參觀服務費（會員費）或每單位的空間可以計算出的費用。重要的是要了解並非只有總資助金可加以運用，也可將每一次參觀的費用列入計算。也有一些銷售額、行銷方面的指標可以用來了解這些補助是否有好好運用來吸引客戶。它們包含了例如每單位空間參觀的人數以及用在每一個參觀者的促銷費用。了解設施的使用率也是很重要的。在這個部分則包含每平方公尺的參觀人數、每單位的維修費用、每單位空間要花的能源費用。最後，有一些衡量指標可以用來了解人員是否有適得其所並認真工作，包含了人事費占所有收入的百分比、人事費占主要費用的百分比以及文書工作與策劃人員總薪資的比例。表 11.5 列出了社區休閒中心表現的指標。

表 11.5　可以用於社區休閒中心有效指標的樣本

指標	定義	案例
開銷回收率	中心總收入與總花費的比例	收入 5 百萬元，開支 4.5 百萬元，開銷回收率為 111。
每人次參觀的入場費	總收入除以總參觀人數	每星期 1,000 人參觀，6,000 元的入場費，每人次參觀的入場費為 6 元。
每單位空間的參觀人數	總人數除以空間數量	每星期 1,000 人參觀，共有 50 平方公尺，每單位空間參觀人數為 200。
每個參觀者的促銷成本	促銷成本除以參觀者人數	每星期 1,000 人參觀，每星期 1,000 元的促銷成本，每參觀人數的促銷成本為 1。
維護成本率	總維護成本除以中心總收入	維護費用為 150 萬元，主要收入為 5 百萬元，維修率為 0.30 或 30%。
每單位空間的人事費	人事費除以空間	人事費為 3 百萬元，共有 50 平方公尺，每單位空間的人事費為 6,000 元。

　　第二個觀點，是把焦點放在服務品質的程度。在這個部分，了解參觀者對於在中心進行活動的經驗是很重要的（Beech & Chadwick, 2004）。他們的經驗大概被區分成五個類別：第一，有形產品或服務的品質；第二，服務的可依賴性；第三，員工的回應與協助的願意度；第四，員工的可信度與禮貌；第五，員工是否有同理心及願意提供個人關心的程度。有許多的模式可以挑選，也有很多的測量工具。有些精確的工具是用來計算服務傳遞的缺口，即顧客的期望與體驗是否有差異（Graaff, 1996）。最後，提供顧客對於設施與服務人員所提供服務的排名。一般是透過問卷的方式來訪問使用者。還給予特別的服務分數，其中是以五等量表來計算，1 代表較低程度的滿意度，5 是代表較高程度的滿意程度。

總結

　　以上的討論建議，當績效管理系統運用於運動館組織時可能是耗費甚鉅的，有時候也可能給組織中人員、管理者、志工及會員帶來了更多的限制，但也可能帶來實質上的利益。事實上，沒有針對其績效提供評價標準的運動組織，則是忽略了對利害關係人該負的責任。問題是績效管理系統要採取什麼樣的形式？以此觀點來看，可以說是沒有一個完美的績效管理系統，必須端賴運動組織的特色、主要的策略目標及所在的環境。好的開始即是以Kaplan與 Norton 的平衡計分卡模式為基礎，再加以修正以符合運動組織特定的需求。九個模式創造許多的可能性，但是所有的衡量標準都必須是可以加以量化，能與運動組織的目標相連結以及與資助者的期待一致才是最重要的。

複 習 題

1. 績效管理的目的為何？

2. 績效管理的源起為何？這些源起告訴了我們可能的優勢與弱勢為何？

3. 有什麼原因可能會阻礙組織執行績效管理？

4. 執行績效管理最大的好處在哪裡呢？

5. Kaplan 與 Norton 的評分計分卡，其主要概念為何？

6. 你會如何修正平衡計分卡模式，讓它更適合未來的運動組織特性。

7. 什麼樣的衡量模式最能夠彰顯運動組織的財務績效？

8. 顧客滿意度內在模糊的觀點如何透過強化來提供可量化且具體的衡量標準給社區休閒中心。

進 階 讀 物

為了取得更多詳細的績效管理的資訊，及如何應用於公私部門？請參
　　閱 Williams（1978）及 Bouckaert 與 van Dooren（2003）年的相關
　　著作。為了獲得有關績效管理更加完整的與組織有效性、問題解
　　決相關的理論架構，請參閱第 3 章 Robbins 與 Barewell（2002），
　　Bouckaert（1995）的相關著作。

相 關 網 站

◐ 績效管理之平衡計分卡最新消息：

http://www.balancedscorecard.org

◐ 日本的職業足球聯盟（足球協會），是為日本最受歡迎的運動組
織之一，要獲得更進一步的相關訊息請連結以下網址：

http://www.j-league.or.jp

◐ 在澳洲，澳洲足球聯盟是相當獲利的，但反常的是許多年來它的
會員經歷過許多嚴重經濟的動亂。The Institute of Chartered Ac-
countants 承辦了年度俱樂部的調查。請瀏覽以下的網站：

http://www.icaa.org.au/news/index

第三部分
未來挑戰

第十二章
未來運動管理的挑戰

本章概要

- 概要
- 全球化及其對運動管理的影響
- 夢幻運動社會及其對運動管理者的意涵
- 未來的挑戰

- 總結
- 複習題
- 進階讀物
- 相關網站

 概要

　　「全球化」—依據國際財政基金會（International Monetary Fund, IMF）的定義，為全球性經濟整合增加的趨勢，是未來主要影響運動產業的力量。大多數人都認同全球化的新趨勢，是由於人們旅遊機會的增加及通訊科技的整合與應用，這也使得人們彼此互動更加頻繁。繼之，這些全球化便利的因素導致貿易的增加、經濟密集的整合、勞動力移動的頻率增加，以及知識、科技、文化與意識型態快速地傳遞。

　　關於全球化的本質與影響之相關文獻有三個主題，第一為世界已經進入了無法後退的全球世紀，而新的世界秩序結果，就是國家傳統力量（經濟、財務與政治）已經開始轉變成多國的合作。第二為經濟發展的典範仍為主導，

且超越國家的界線，把全世界轉變成無限的市場（暫時的）。最後，全球化的結果，不僅只有贏家，還有許多被忽視的大眾也受到影響。

最後一章將簡短地來探討，運動未來有什麼樣的趨勢，以及未來管理的人們將如何作為。此章節也會分析改變運動世界的主要因素。再者，全球化如何影響運動管理，而運動管理者又如何預先做準備呢？針對未來運動的生產與消費的簡介，將會透過對夢幻運動社會（Dream Sport Society）的討論來加以描述。夢幻運動社會代表了六個市場部門，包含了不同型態的運動消費者。這六個部門提供了有關運動消費的內涵，是運動管理者必須加以了解並對未來的趨勢預作準備。這些挑戰將摘錄出來，與第 5 章至第 11 章有關：策略性管理、組織結構、人力資源管理、領導、組織文化及統御與績效管理。在此章節將不會介紹案例，因為未來的一切都持續在變動中。

讀完此章節，你將能夠：

> ⚽ 以一些未來趨勢做推斷，以思考運動管理的未來；
> ⚽ 發現一些可應用於未來運動（商業與管理）規劃的方案；
> ⚽ 描述與討論不同情境對運動管理的未來可能會有什麼樣的影響；
> ⚽ 整合未來思考的要素到策略規劃中；
> ⚽ 藉由討論運動管理者未來將會發生的問題，來做出這本書內容的摘要。

🏀 全球化及其對運動管理的影響

最近一篇由 United States Intelligence Council（2000）所發表的報告中指出有許多因素將會影響世界未來的方向。Westerbeek 與 Smith（2003）選出其中的三個最有可能影響全球化運動市場經濟的因素：經濟、科技與文化

經濟

由於經濟的界線正在消失（但是國家依舊存在，貿易並沒有國家界線的

存在）。愈來愈有機會探索先前沒有接觸及開發的市場。透過全球金融市場，將會有更多可取得的財務（投資）資本，因為運動企業展現出廣大的潛在市場，如亞洲及南美洲。許多西方國家也可能跟隨美國運動系統的腳步，而美國運動系統中的企業人士已經從國家運動企業中接手，且聯邦的腳步太慢以致於難以對市場的力量做出反應。開發中國家逐漸增加的國民生產毛額致使更多金錢與時間可以花在運動與相關休閒活動上。

　　世界各地一些經營比較大的運動俱樂部，將會合資經營潛在的廣大市場（如最強的歐洲足球聯盟 G14）而且藉由重整自己本身的競爭對手來威脅到已經建立的管理組織。從生產者與消費者的觀點來看，雖然科技將會把世界的距離變得更近，但是運用經濟資源的機會不平等則會拉大貧富間的距離。總而言之，在運動世界中經濟的驅使力量可能會持續把運動服務與傳遞推向企業方式的營運。銷售運動的大眾市場機會，會持續凌駕在小眾運動上。

科技

　　高速通訊科技的整合在不同的國家並不會給運動組織帶來相等的機會。隨著數位電視及寬頻網路，任何一個運動都能把它精彩的照片傳到任何一個想觀賞的人手上。然而，傳遞（便宜）機會的增加並不代表觀賞人口的增加。過時的科技，如電視，將仍然會對那些生活在世界的某一個角落，還沒接觸到電視的人們來說，依然是與運動接觸的第一線。對那些較大型的運動組織來說，在他們還尚未發展出新科技時，電視仍然會是打開新市場的重要工具。

　　新科技會讓那些較小型的運動組織對產品及其銷售能掌有更多的控制權，而不僅是一直依靠較大型的媒體組織。緊接著新通訊科技所帶來的機會或限制，生物科技所帶來的發展也需要緊密地監看著。運動組織對可以強化運動表現的禁藥早已有所耳聞，但是與未來十年運用到運動領域的生物科技所帶來的發展相較之下，許多運動管理員人仍然會想念只單純管理運動員禁藥的任務。運用基因科技及運用來創造可以移植到我們身體的自我傷害修復的氨基酸結構，及能量再造微工程，現在聽起來可能難以接受，但是科技如果持續發展下去，科幻小說的內容在未來十年間可能就會成真了。人類可能就會

建造超級運動員,或者更慘的是,父母親可能把孩子設計成運動員,而這些,在以前連想都沒想過。

文化

運動在當地、地區、國家及國際上已經扮演了一個相當長遠及重要的角色。當地與區域性的運動常扮演了黏著劑的角色—把社區聚集在一起參加比賽,且讓人們暫時忘記彼此的差異。以社區俱樂部的層級而言,運動提供了一個中立的話題讓人們聚在一起,但也促進、歡迎與接受了外來的人們進入新的社區。例如,澳洲的足球在 1950 年代與 1960 年代間的來自歐洲的移民潮中扮演了非常重要的角色。在未來,當地層級的運動可能會持續扮演著文化黏著劑的角色,來促進社區的團聚與整合。

而國家與國際層級的運動,在創造國家認同上扮演了重要的角色(對某些國家而言)。相對地,一些歷史較為短暫的國家,特別是美國與澳洲,常利用運動在國際舞台上來展現其能力。運動也常被用來當作宣傳。如德國的納粹,義大利的墨索里尼,最近的前東歐共產政權及蘇維埃社會主義共和國聯盟都常利用運動來表達其在生理、心理及道德上,都比其他國家或政權來得更為優越。

全球運動市場目前是由美國式的經營方式所主導。即使一些傳統的足球俱樂部與歐洲的比賽,都幾乎為了利害關係人及媒體幾乎快忽略球迷的存在。這可能會導致每個國家對美國文化事物上的疏離,而這些國家都還尚未引薦美國或歐洲運動。根據 Dejonghe(2001)所說的,全球運動系統是以有共同源起的運動國家之文化親近性。他認為當鄰近的國家對它所接受的運動持悲觀的態度時,其也不會接受外來文化也不會加以反抗,這就叫做帝國主義。而且在次撒哈拉非洲、拉丁美洲及加勒比海附近的國家,如英國與美國都是用這樣的方式來推銷它們的運動。

外來的運動可能會嚴格地被加以評估,而且會以主體文化來考量,同時被視為是有益的、中立的或者是具威脅感的。這樣的狀況是當鄰近國家的態度為想要參與的時候。以前英國殖民的國家,如南非、加拿大、紐西蘭與澳

洲欣然接受外來的運動，且之後即輪流宣揚自己是獨立的國家。值得注意的是，他們也曾經拒絕過那些與他們新的國家認同相抵觸的運動。如果對外來運動引起反彈是由於重要文化的差異，及國家的主要的發展互相抵觸時。目前全球政治氣候如許多的運動都被以美國式的途徑來介紹或移植到別的國家，在許多案例顯示，這樣的動作引起許多主體國家的反彈與衝突。

從這個觀點來看的話，對於未來運動管理者主要的挑戰將會是文化的敏感性，且不僅是要找尋如何把運動介紹到別的國家，而且要確保特定的運動可以與市場的運動需要互相連結。看看冷戰時代的發展，前蘇維埃政府與其衛星站一開始的時候，拒絕了所有與西方資本主義直接相關的各種運動。然而，當它們了解到真正的國際運動可以被用來當作文化與經濟戰爭的工具時，主要是陳述道德上的優越感時，它們接受了大多數資本主義的運動，更進一步把焦點放在發展可以代表國際競爭的少數運動，以增加獎牌的總數。

到此已經將三個運動全球化主要的驅使力凸顯出來，皆下來要介紹夢幻運動社會的概念。為了提出將會在未來運動市場消費的產品概觀，運動消費的六個部分將會透過夢幻運動社會的觀點來加以陳述。這些產品對運動管理者而言，會有關於管理什麼、如何管理等主要的意涵。

夢幻運動社會及其對運動管理者的意涵

談及全球化經濟對運動的影響，通訊與科技的發展指數、間接與潛在的文化差異所帶來的衝突，我們可以預期在未來 15 年運動消費者會有什麼樣的回應呢？以夢想學家 Rolf Jensen（1999）的研究為基礎，在他的書《夢幻運動社會》裡面描繪了未來的生活，Westerbeek 與 Smith（2003）發展了有關夢幻運動社會的結構。

根據 Jensen（1999）所說的，生活在夢幻社會中的人們，將努力追求代表早期文明的心靈富足，因為它結合了物質與心靈的富足與滿足（代表我們不用再努力工作求生存）。Westerbeek 和 Smith 提出 6 個在運動夢幻社會的市場：運動娛樂事業、運動夢想、運動品質、運動認同、運動傳統與運動道德。

運動娛樂事業

運動消費者對於冒險有逐漸增加的需求，這種現象可以藉由逐漸增加的活動，如高空彈跳與極限運動得到證明。人們不再只參加運動競賽來觀看比賽，也尋求賽前、賽中及賽後的娛樂。未來的運動消費者可以藉由冒險來滿足其娛樂的需要，且將會在比賽中形成某些形式的參與。換句話說，為了了解人類情緒高點，他們必須對比賽有一些影響。

如果互動是成功的主要關鍵，那麼新科技將會被透過許多的方式用來連結人們的情感與運動產品。在未來，透過超級科技，人們可以透過人工科技來體驗高水準的運動成就。例如，運動消費者也許能夠在奧運 100 公尺的短跑決賽與過去及現在的運動明星相互競爭。他們只要簡單的登入他們的腦袋，並且選擇運動組織，提供的正確價格程式。運動管理者而言，此種應用設施可以用來透過運動產品來滿足人們的情緒及冒險的需求。

運動夢想

運動夢想產品是有關滿足人們對於親密關係的情緒需求，關於創造出可以把人們團聚在一起的消費需求。這個情緒需求的核心是對於友情、方向的渴望，以及透過運動在移民社區中建立新的社區、友情與社交互動。在職業運動中也是一樣的情形。世界優秀的俱樂部與隊伍為了要取悅觀眾，已經營運超過 200 年，在這個聯繫及結合的過程中，已經把觀眾變成瘋狂與忠實的追隨者。未來，人們也將會持續地選擇當地的運動俱樂部來聚在一起，而且會被贏球的隊伍吸引，因為他們提供了便利的機會來體驗聚集的快樂。

然而，運動管理者如何與這些俱樂部會員及球迷來進行溝通才會有明顯的改變呢，如同這些人們聚在一起一樣。不必驚訝的是，網際網路將會提供對大型運動組織提供這樣的市場。對俱樂部會員及球迷來說，它將會提供一個方便溝通及參與的論壇，而這個論壇是世界上所有的人都能夠有機會參與，可以在網路上相見。

運動品質

在夢幻運動社會中運動品質的部分，是把焦點放在滿足人們關心別人的需求上，並且與運動單純的快樂相結合。當志工成為俱樂部為基礎的運動系統骨幹時，運動已有提供機會關心他人的長久歷史。然而，未來的運動消費者（在這個案例中的運動消費者）不再以身為半調子運動愛好者的身分感到滿足。許多不同層級運動的參與人都在找尋更深層的運動經驗，以使得他們可以展現出強烈關心他們所熱愛的運動以及運動的品質。

被這群運動消費者所吸引的運動員，他們也需要去關心。運動員慢慢了解到他們也必須被觀賞與被定位成完善的團體公民，而這個特質對未來運動管理人員來說有特殊利益。他們被要求維持運動與運動員整合，及為了獲得營運的資金，盡可能的讓運動維持商業化的吸引力的需求。如同 Westerbeek 與 Smith（2003）所提及的，經濟的需求驅使了與運動相連的資金，推動菁英運動的發展並強化超級運動員在比賽中的表現與發展，如此一來，運動消費者將會很樂意的消費運動（順帶一提的是，超級運動員並不僅是如我們今天尊敬 Ian Thorpe、David Beckham 以及 Annika Sorensta 一樣要做到最好的，未來的運動員將會是在基因上被加以改造，及透過外科手術所塑造出的怪物運動員，而且慢慢地，有野心的父母將會透過醫學來選擇他們喜歡的孩童運動員）。然而，當這些壓力腐蝕了運動的品質或是利用到連運動單純的本質都消失時，那麼，這些部分則會有令人不愉快的反應（p.211）。運動管理者，要小心啊！

運動認同

運動的認同是有關當問及「我是誰」之此類認同問題時情感上滿足。Jensen（1999）指出，這是有關認同的需要，以及球迷有經歷過與運動團隊及俱樂部認同的體驗。對未來可以在市場中成功掌握運動認同的運動管理者來說，他必須要能夠注意會緊密地跟著球隊參加比賽，及對重要的球隊訊息感到著迷的球迷。那些球迷所追尋的是自我的認同。團隊或俱樂部需要針對個

人的認同提供機會，來讓球迷可以成為支持團體的人。但是在高度商業化主義下，這些運動消費者也可能輕易地與球隊疏遠。如果運動管理者干擾運動消費者認同，例如，球迷因為團體票的持有人或是飯店服務不周而無法進入球場時，球迷則會對其所喜愛的俱樂部有所距離，以及會持續地減弱其對俱樂部的認同。

運動傳統

運動組織總是非常重視其球隊的歷史與傳承。在夢幻運動社會中，有一些想要滿足內心平靜的情感需求之運動消費者，或是想要回憶美好的舊日時光。他們是運動的懷舊者，他們通常是對評價運動參與運動觀賞的價值上專精的觀眾。當運動可以提供回想過去的價值時，他們會很感興趣。這就是為何商業主義與企業會剝奪掉這些的原因。

換句話說，如以觀光形式的運動商業開發，可以提供一些能夠滿足懷舊者個人所需服務與價值的需求。例如，美國職業棒球大聯盟的運動管理者運用其豐富的歷史來創造出他們商業上的優勢。許多參與場館革新或風格再建的 MLB 俱樂部在 1900 年代棒球社區的營造是很成功的，提供了許多具體的聯盟傳統與歷史的文物。

運動良知

運動良知的市場區隔是消費者對前景的情感需求，而不僅是看到運動或俱樂部本身。運動良知的消費者誠摯地希望可以完成在某些方面可以影響人們，而不僅僅是喜歡運動、觀賞運動。運動良知的消費者有任務來服務他們的社區，在這個前提下，也關心與運動有關係的每個人。他們參與運動的各種層級（比賽、管理、監督、觀賞等）來取悅他人及對社區利益做出貢獻。

運動良知區隔包含了帶著點心的父母親，提供計程車與教導球隊，提供在當地參加比賽的每個人，因為隊伍需要支持或者因為他們把這視為是團隊榮譽的彰顯。運動良知消費者的道德正直常常需要透過營造、傳送利益給社區或是給其他人們帶來滿足。運動就是他們的慈善事業，而且為了傳達他們

的道德感，他們也只購買在適合狀況下生產的鞋子，也消費健康、有機食品、參加運動競賽來顯示他們是值得尊敬的社區貢獻者。這些消費者也可能是大眾運動意見的領導者，成為運動單純精神的守護者，也會努力地抵抗藥物的使用成為常態的現象。

　　這六個市場在未來可能會提供未來的運動管理者很多的機會與挑戰。運動組織將無法把所有同質性的小群消費者聚集在一起。消費者期待間的差異將會在這些團體中變得愈來愈普遍，這個差異會迫使管理者想出新的方式來發展、銷售運動產品、服務與體驗。他們所利用的管理工具包含了七個前面章節談過的管理領域。下一個部分是有關在這些不同部分將面臨到什麼樣的挑戰。

 ## 未來的挑戰

策略性管理

　　策略性管理就是要達到競爭優勢。換句話說，運動組織如何在市場中與直接或間接的競爭者比較之下，把自己定位成較有競爭優勢的一方。在夢幻運動社會裡頭，策略性的管理需要運動管理者來檢視其內部的優勢、弱勢、外在的機會與威脅，未來該如何傳遞其服務與降低暴露在競爭與危機的機會。

　　運動組織的未來會像是公共部門的嗎？是營利還是非營利？這些答案可以透過同樣策略性決策制定的過程來尋得。然而，過程的結果極有可能領導組織往不同的方向進行。所有的組織都需要開始認清經濟、科技與文化對商業營運的影響。接下來就要捫心自問是否有這樣的能力來提供這樣的服務。自然而然，營利組織將會被經濟的刺激所引導，因此，要慎選願意也能夠花錢購買服務消費者類型。另一方面，公共部門的運動組織將會被社會的議題所導引，因此需要透過政府的資助，扮演一個重要的角色來處理運動的社會性事務。

　　職業運動組織必須決定他們市場的大小、範圍，例如，科技逐漸影響職業運動的傳遞。例如，大型的澳洲國內足球聯盟（Australia Football

League），正面臨未來他們的市場需要涵蓋那些要素等問題：他們是澳洲人民或是足球的全球性商標？為了要回答這個問題，他們必須要認清夢幻運動社會中哪一個部分的運動消費者是適合他們來訂為標的群體的。如果他們要成為一個澳洲的品牌，運動傳統的部分將更為重要；如果他們要成為一個全球性的品牌，運動娛樂及運動夢想兩個部分則更為重要。

組織結構

一句老的諺語「結構總是跟隨著策略」在第 6 章說明了其道理。很快地，你就要決定你想要去哪裡以及你要如何去達成（策略），你需要去創造可以讓你實行策略的架構且確實去執行。另外，在你決定要以哪一種夢幻運動中市場的傳遞架構前，需要將經濟、科技與文化巨大的影響考慮進去。

在第 6 章我們注意到組織架構的大小必須要與其周遭生存的環境相配合。大多數西方的運動組織在過去數十年間逐漸朝向官僚化的組織型態發展。換句話說，隨著逐漸增加組織範圍（因為額外的資金資助），需要較高的專業化、形式化及分散的決策制定。

為了能夠準備好來服務夢幻運動社會中的消費者，環境及科技中的許多不確定性將會驅使結構發生改變，使其能夠被運動組織所接納。而隨著運動組織間高度發展的高度競爭化，為了能夠獲得具發展性的市場占有率，運動組織傳遞的架構需要準備好來面對市場的回應。這不僅需要較高層級的專業化（大學畢業的運動專業者），整個結構也需要準備好來面對伴隨著以科技來傳達與便利的通訊，及以消費者與科技導向的商品與服務。集權化的程度需要被降低，以允許那些服務顧客的人能對顧客有所回應。

由於逐漸增加的競爭壓力，職業運動組織可能會直接跟著營利組織（非營利組織）來重新建構自己朝向多樣化的經營。多樣化經營包含了生產更多的產品、服務更多的市場或者是兩者的結合。為了要利用新的機會，多角化經營被利用來分散只依賴一些產品或服務所產生的風險。如同先前所提及的，運動產品市場的概念化觀點將會讓許多組織信守於他們的根源，但卻提供了更多樣的產品進入運動娛樂、運動夢想、運動品質、運動認同、運動傳統及

運動良知的市場裡。公共或非營利組織比較不可能在短期內重大的改變他們的結構。然而當他們常常受到資助來完成資助單位所指定的目標時，他們結構性的改變則會變得較為容易。

人力資源管理

在第 7 章我們討論過在運動營利組織的人力資源管理較非營利組織來得容易衡量。把營利組織中的人們每天所做的事情與錢連結在一起與非營利組織多樣化的或活動與目標來得容易多了。我們將會此章節最後的部分更深入討論運動績效管理的未來。特別是關於運動組織中人力資源管理者所面臨的挑戰，我們必須把營利部門與非營利部門中的人力資源管理功能加以區別。

關於策略與結構的決策制定，對未來運動組織職權分配將有相當重大的影響。在職業運動中，獲得最好的（而且最貴的）的球員是事關重大。也可能為此招募防護員，以協助運動員做出最佳演出。最好的狀況是打造出最佳球員。非營利組織將會努力吸引好的志工與給薪的工作人員，但是必須有比錢更好的動機來吸引這些人。所有的運動組織都需要認清，基本上比較好的組織績效將從資源運用最大化或者是把盈餘給利害關係人，或是把盈餘再投資到非營利的運動組織上。基於此，營利組織是否會謹慎地協調招募志工的機會呢？對兩種組織而言，最主要的挑戰是找出較新也較好的方式來滿足志工人員的需要，同時，改進提供服務的能力。基於此，是否所有的運動組織都需要注意運動的服務品質及夢幻運動中的運動品質部分？且只是簡單地為了繼續發展的理由？營利組織及非營利組織都需要志工的服務。

領導

在第 8 章我們強調過在運動企業中領導者會遇到的挑戰。在這裡不再贅述，但是要將領導置於未來運動管理者所面臨到挑戰的核心。把領導的挑戰放在策略、結構及人力資源管理之後一點也不意外，其後更是緊接著組織文化、管理及管理挑戰。

管理的有效性在於計畫與預算、組織與員工、控制與解決問題，而領導

主要是在於制定方針的能力、安排人事、激勵與鼓勵員工。換句話說，當領導者繼續維持現狀時，領導者也必須試圖改變。總而言之，運動領域中領導者最大的挑戰應是為組織制定經營的方向，並朝向夢幻運動社會前進，同時鼓勵並說服組織的利害關係人支持領導者的決策。願景需要轉換成實際的策略，透過適當的結構及人員來加以執行，同時領導者要在正確的職位來推動創造組織最大績效的組織文化。

組織文化

如同在第 9 章所解釋過的，運動組織常有歷史悠久、狂熱與具有情感的跟隨者。同時，在象徵物及儀式上也是相當豐富的，而這些在強大組織文化的建立中扮演了相當重要的角色。大多數對特別的運動、團隊、俱樂部或是運動員有興趣的人們，常對他們的運動英雄與支持的運動傳統、運動參與或觀賞消費的價值觀有強烈的感覺。

在夢幻運動社會中，許多的事情將會與保守的運動景象有所不同。我們已經可以觀察到一些強烈的運動商業化的訊息。而 10 年前，許多運動組織，包含菁英選手或一般參與者的組織，大多數都透過志工或是支持來營運，而非以營利或利潤最大化的主要動機。雖然夢幻運動社會的市場將持續提供多樣的產品，但可能大多數的運動組織都會被迫改變生產與銷售產品與服務的態度。例如，對於在激烈競爭環境下，運動消費態度的改變會強迫運動領導者因此改變其組織文化。由下列幾點可以看出傳統價值觀與未來價值觀的差異與改變。

- ⑪ 從社區到商業；
- ⑪ 從比賽到更努力的比賽；
- ⑪ 從場上的勝利到場下的勝利；
- ⑪ 從快樂的忽略到殘酷的責任感；
- ⑪ 從天真到責任感；
- ⑪ 從公民到公民應有的道德；
- ⑪ 從局外人到積極地參與；

⑫　從最佳的運動員到最好的基因；

⑫　從志工到專業人員；

⑫　從非營利到營利。

　　運動管理者主要的挑戰為在需求與預期間取得平衡，使得在運動夢幻世界中新消費者重視運動組織，而且在這些期待下，運動組織可以由衷地把服務遞送出去。受過運動專業教育的有給薪職員的增加，在運動態度與價值會有很自然的改變似乎是很合邏輯的。然而，許多人們相信的是運動的核心價值（健康身體裡健康的心靈、把人們團聚在一起等）。決定權在於未來的運動管理者來發展與培養尊重運動傳統價值的組織文化，但同時，是否都準備好來提供夢幻運動社會中需求逐漸增加的消費團體了呢？

監督

　　不顧營利組織或非營利組織的原則下，夢幻運動社會明確地要對運動組織提供一些主要監督上的麻煩。如同第 10 章所提過的，運動組織在資助機構逐漸增加的壓力下，需要改善核心產品與服務的傳遞方式。逐漸增加訴訟的壓力也迫使運動組織來確保他們有更完善的風險管理、受託人承諾、合作、經理的債務保險、部會訓練與評價的系統與政策。然而在未來夢幻運動社會有關隱私權及人權議題的決策制定則還是詳加考慮。

　　舉例來說，運動組織如何可以確保當他試圖擴大自身運動吸引力時，他們不會跨越道德的界線（運動員基因的操弄或是結構性的使用績效強化的藥物或設備），且不利於組織與管理者。如果執行者引領著模範成為運動監督中主要的模範時（我們無法得知，但是有可能實現），誰還會說運動的執行者不會掉入同樣的陷阱呢？未來運動管理者主要面臨的挑戰將是要如何找尋組織自身的正確定位，且被認同為一個合作的公民。換句話說，為了給所有的運動組織找到正確的管理模式。需要認清的是組織要把它的價值置於社會何處。一個好的且適合的管理結構應該是組織在定位其價值時的衍生物，且這最終是策略性管理過程的結果。對於非營利運動組織而言，可能較為容易

避開危險、具誘惑的機會，因為它們的組織目標並不是積極地找尋與追求可以獲利的機會。然而，對追求極大利潤的運動組織，未來的科技將可能會提供許多經濟發展的機會，無疑地需要從許多有能力的人們中挑選出更強而有力、有願景及有能力的監督人員。

績效管理

在最後的部分，我們將簡要的討論未來運動組織中的績效管理及該如何去做考評。績效管理在任何組織中都是具有爭議性的話題，一點也不驚訝的是在運動組織中挑戰是一直在變化及持續性的。為了認清我們在第11章談過的運動特殊性的範圍及結合我們在夢幻運動社會中所推論的規劃，似乎未來需要透過多樣的方式來衡量。

在第11章提出的九點績效管理模式，提供了一個目前有效的績效評量架構。然而，以夢幻運動社會中運動娛樂事業的服務傳送績效為例，將會在與運動夢想、運動品質、運動認同、運動傳統及運動良知相較下來做出評鑑。在這些不同的市場裡，不同的利害關係人將會緊密地看著其需求如何被滿足。運動娛樂的找尋者將會評判冒險活動刺激的程度與品質，運動夢想的利害關係人將會寄望能與其他運動愛好者有所交流及互動。運動品質組織將會透過其在社會中增加的價值來被評價，例如，藉由觀察有多少人被激勵來從事更健康的運動生活方式。而運動認同的績效則會透過運動組織是否有能力協助個人來定義自己，例如，藉由建構人們喜歡參與的強健、刺激的運動品牌。

在運動傳統市場中的運動組織操作將會被一些議題所加以評斷，而這些議題是有關組織文化的部分，如此一來，傳統價值的保存將會被長久的、新的或年輕的顧客因為傳統的感覺而重視。這樣的組織將會以其提出舊日美好時光的物理證據能力來加以評斷。舉例來說，建築的結構或傳統服務客人的方式。最後，運動道德的績效管理部分，將會以運動組織是否以維持高道德的態度來加以衡量。同樣地，運動組織被期待採取何種態度在面對運動消費方式及如何回饋給社會。運動組織也將會被在面對運動員給薪、場下的動員行為、運動員表現的基因操弄的定位來加以批判。而主要的績效指標是在於

會影響運動組織產生額外資金資助能力的公眾意見。

　　最後一個強調的部分特別是有關夢幻運動社會中六個部分將會面臨到的績效管理的挑戰。事實上，未來將有非常少的運動組織只跨越到一個夢幻運動社會中的部分。所有部門的運動組織（包含職業運動、非營利組織與政府部門）將需要考慮不同運動消費者的需要，且將會不斷地接受有關消費者冀求的服務相關的決策制定的挑戰。

　　對組織來說，內部績效評估與外在利害關係人對績效的要求一樣富有挑戰性。但是對運動中所謂的成功，在現在與未來都有許多的面向。在過去，週末時贏得一場勝利對所有的人來說是最重要的事。運動已經變成無法置信的多元化與複雜的全球事業，其績效正受到謹慎而縝密的評估。希望這本書能夠給目前與未來的運動管理者一些準備方針，並且在值得投入管理心血的事業中來工作與貢獻，簡而言之，是運動太過於重要了，所以需要更加專業來管理它。

總結

　　在這個最後的一個章節，我們討論到運動管理者未來即將遇到有關策略性管理、組織文化、人力資源管理、組織文化、監督及績效管理等議題的挑戰。這樣的討論是基於驅使運動全球性改變的主要因素所建立的。此章也包含了未來在所謂的夢幻運動世界中運動的生產與消費。六個不同的市場區隔涵蓋了不同類型的運動消費者類型，其中包含運動娛樂、運動夢想、運動品質、運動認同、運動傳統及運動道德等六個部分，此六個部分架構了未來運動商業的全景。

複 習 題

1. 看看自己的未來，你希望自己 10 年後在哪裡？你需要些什麼才能到達那裡？過程中主要的阻礙是什麼呢？

2. 科技將如何塑造運動管理的未來？用一些最近你所看的現象來證明你的答案，並推論他們的未來。

3. 未來的運動組織最可能被改變或影響的是什麼呢？是運動的結構或是在其中工作的人們。證明你自己的答案。

4. 腦力激盪一下，當考慮要全球性的擴大運動商業時，列出最需要被運動管理者認真考慮的議題。

5. 你能看到社區運動光明的未來嗎？為什麼／為什麼又不呢？

6. 你認為未來的職業運動會像現在一樣受到歡迎嗎？以此章所陳述的觀點來證實你的答案。

7. 你認為政府在未來會更加或更少介入運動事業，為什麼呢？

進 階 讀 物

International Monetary Fund. (2002-2005). *Globalization: Threat or opportunity?* Retrieved March 1, 2005 from: http://www.imf.org/ecternal/np/exr/ib/2000/041200.htm.

Jensen, R. (1999). *The Dram Society*. New York: McGraw-Hill.

National Intelligence Council. (2000). *Global Trends 2015: A dialogue about the future with non government experts*, Washington DC: National Foreign Intelligence Board.

Smith, A. and Westerbeek H. (2004). The Sport Business Future. London: Palgrave MacMillan.

相 關 網 站

◎ The Internal Monetary Fund at http://www.imf.org./

◎ TheWorld Fact Book at http://www.cia.gov/cia/publications/factbook/

◎ The United Nations University at http://www.unu.edu/

◎ The Millennium project at http://www.acunu.org/

索 引

A

B

H

I

S

國家圖書館出版品預行編目資料

運動管理／Russell Hoye, Aaron Smith, Hans
Westerbeek, Bob Stewart, Mattew Nicholson
著. 黃任閔，張家銘，徐欽賢，鄭桂玫，林東興，
楊子孟 合譯. 李勝雄 總審訂.
—初版.—臺北市：五南，2008.03
　面；　公分.
譯自：Sport management-principles and applications
ISBN - 978-957-11-4825-0（平裝）
1.體育行政
528.91　　　　　　　　　　　　96013033

1FQ4

運動管理

作　　者 — Russell Hoye, Aaron Smith, Hans Westerbeek,
　　　　　　Bob Stewart, Mattew Nicholson
譯　　者 — 黃任閔，張家銘，徐欽賢，鄭桂玫，林東興，楊子孟
總 審 訂 — 李勝雄
發 行 人 — 楊榮川
總 編 輯 — 龐君豪
主　　編 — 張毓芬
責任編輯 — 徐慧如　吳靜芳
出 版 者 — 五南圖書出版股份有限公司
地　　址：106台北市大安區和平東路二段339號4樓
電　　話：(02)2705-5066　傳　　真：(02)2706-6100
網　　址：http://www.wunan.com.tw
電子郵件：wunan@wunan.com.tw
劃撥帳號：01068953
戶　　名：五南圖書出版股份有限公司
台中市駐區辦公室/台中市中區中山路6號
電　　話：(04)2223-0891　傳　　真：(04)2223-3549
高雄市駐區辦公室/高雄市新興區中山一路290號
電　　話：(07)2358-702　傳　　真：(07)2350-236
法律顧問　得力商務律師事務　張澤平律師
出版日期　2008年 3 月初版一刷
定　　價　新臺幣380元